中 国 博 物 馆 协 会 向 全 国 青 少 年 郑 重 推 荐

博物馆里的中国

四海遗珍的中国梦

宋新潮 潘守永 / 主编

陆青松 / 编著

中国盲文出版社

图书在版编目（CIP）数据

四海遗珍的中国梦：大字版 / 陆青松编著 . —北京：中国盲文出版社，2019.12

（博物馆里的中国 / 宋新潮，潘守永主编）

ISBN 978-7-5002-9262-3

Ⅰ . ①四… Ⅱ . ①陆… Ⅲ . ①文物—介绍—中国—青少年读物 Ⅳ . ① K87-49

中国版本图书馆 CIP 数据核字（2019）第 251722 号

四海遗珍的中国梦

编　　著：陆青松
责任编辑：李　刚
出版发行：中国盲文出版社
社　　址：北京市西城区太平街甲 6 号
邮政编码：100050
印　　刷：东港股份有限公司
经　　销：新华书店
开　　本：787 × 1092　1/16
字　　数：114 千字
印　　张：13.5
版　　次：2019 年 12 月第 1 版　2019 年 12 月第 1 次印刷
书　　号：ISBN 978-7-5002-9262-3/K · 674
定　　价：38.00 元
销售服务热线：（010）83190289　83190292　83190297

刘世风

中国地质博物馆副研究馆员

孙　革

沈阳师范大学古生物学院院长

辽宁古生物博物馆馆长

杜晓帆

联合国教科文组织北京代表处文化遗产保护专员

李　凯

天津文博院院长，天津博物馆副馆长

吴梦麟

北京市文物局专家组成员

北京石刻艺术博物馆研究馆员

张玉光

北京自然博物馆研究馆员

张亚钧

中国地质博物馆副馆长

陈　凌

上海博物馆出版摄影部主任

赵　娜

天津古籍出版社编辑室主任、副编审

序

在这里，读懂中国

博物馆是人类知识的殿堂，它珍藏着人类的珍贵记忆。它不以营利为目的，面向大众，为传播科学、艺术、历史文化服务，是现代社会的终身教育机构。

中国博物馆事业虽然起步较晚，但发展百年有余，博物馆不论是从数量上还是类别上，都有了非常大的变化。截至目前，全国已经有超过4000家各类博物馆。一个丰富的社会教育资源出现在家长和孩子们的生活里，也有越来越多的人愿意到博物馆游览、参观、学习。

“博物馆里的中国”是由博物馆的专业人员写给小朋友们的一套书，它立足科学性、知识性，介绍了博物馆的丰富藏品，同时注重语言文字的有趣与生动，文图兼美，呈现出一个多样而又立体化的“中国”。

这套书的宗旨就是记忆、传承、激发与创新，让家长和孩子通过阅读，爱上博物馆，走进博物馆。

记忆和传承

博物馆珍藏着人类的珍贵记忆。人类的文明在这里保存，人类的文化从这里发扬。一个国家的博物馆，是整个国家的财富。目前我国的博物馆包括历史博物馆、艺术博物馆、科技博物馆、自然博物馆、名人故居博物馆、历史纪念馆、考古遗址博物馆以及工业博物馆等等，种类繁多；数以亿计的藏品囊括了历史文物、民俗器物、艺术创作、化石、动植物标本以及科学技术发展成果等诸多方面的代表性实物，几乎涉及所有的学科。

如果能让孩子们从小在这样的宝库中徜徉，年复一年，耳濡目染，吸收宝贵的精神养分成长，自然有一天，他们不但会去珍视、爱护、传承、捍卫这些宝藏，而且还会创造出更多的宝藏来。

激发和创新

博物馆是激发孩子好奇心的地方。在欧美发达国家，父母在周末带孩子参观博物馆已成为一种习惯。在博物馆，孩子们既能学知识，又能和父母进行难得的交流。有研究表明，12 岁之前经常接触博物馆的孩子，他的一生都将在博物馆这个巨大的文化宝库中汲取知识。

青少年正处在世界观、人生观和价值观的形成时期，他们拥有最强烈的好奇心和最天马行空的想象力。现代博物馆，既拥有千万年文化传承的珍宝，又充分利用声光电等高科技设备，让孩子们通过参观游览，在潜移默化中学习、了解中国五千年文化，这对完善其人格、丰厚其文化底蕴、提高其文化素养、培养其人文精神有着重要而深远的意义。

让孩子从小爱上博物馆，既是家长、老师们的心愿，也是整个社会特别是博物馆人的责任。

基于此，我们在众多专家、学者的支持和帮助下，组织全国的博物馆专家编写了“博物馆里的中国”丛书。丛书打破了传统以馆分类的模式，按照主题分类，将藏品的特点、文化价值以生动的故事讲述出来，让孩子们认识到，原来博物馆里珍藏的是历史文化，是科学知识，更是人类社会发展的轨迹，从而吸引更多的孩子亲近博物馆，进而了解中国。

让我们穿越时空，去探索博物馆的秘密吧！

潘守永

2014 年 2 月于美国弗吉尼亚州福尔斯彻奇市

导言

中国国宝在海外

中国有着五千多年的文明史，先人靠着勤劳的双手和无穷的智慧，给我们留下了丰富绚烂的文化遗产。我们流连于故宫博物院、中国国家博物馆、首都博物馆等各大博物馆，欣赏这些瑰宝的时候，自豪之感定会油然而生。

散落在世界各地的中国国宝，同样散发着中华文明之光。那些原本属于中国的珍贵文物，在漫长的时期里是怎样漂泊到遥远的异国他乡成为异国“尤物”的？这是一个不能回避的问题。我相信每一个华夏儿

女，看到或想到那些被封存在异国橱窗里的中国国宝，内心的感受一定是五味杂陈的。

根据官方统计，中国流失海外的文物多达 164 万件，被世界 47 家博物馆收藏，包括伦敦大英博物馆、纽约大都会艺术博物馆、巴黎罗浮宫、东京国立博物馆和圣彼得堡冬宫等许多世界著名的博物馆。至于通过各种渠道流落海外被私人收藏的中国文物又有多少，恐怕没有人能够统计得出吧？圆明园的大火、八国联军入侵以及 20 世纪上半叶的战乱，都在传达着这样的信息：近代中国的多灾多难，是导致国宝颠沛流离、流失到遥远异域的主要原因。此外，文物走私带来的暴利，也是中国国宝不断流失海外的原因之一。然而，身在海外的中国国宝传递给我们的并不完全是这样的信息。

我们还应该看到，不管是在国力强盛的汉唐王朝，还是在经济繁荣的宋元明清时期，“中国制造”都曾作为馈赠给各国使者的礼品，或作为对外贸易的商品远销海外。它们漂洋过海，对文化交流和传播起到了重要的作用。无论是遣唐使、郑和船队和马嘎尔尼访华使团这样大规模的官方往来，还是诸如阿倍仲麻吕、鉴真和马可·波罗这样的民间人士，都把中国瑰宝和中国技艺传到了世界各地，在传播中国文化的同时，也推动着当地文化的繁荣与发展。

为了能让流失到海外的更多国宝回归祖国，中国政府正在通过外交和法律等手段，向各个国家和拍卖机构追讨那些以不正当手段获取的中国国宝。一些爱国人士也纷纷解囊，高价购得了一批通过合法手续拍卖出的中国国宝并无偿地捐给祖国。一些外国友人也伸出援手。2013 年 4 月，法国的艺术品收藏家弗朗索瓦·皮诺先生宣布，把购得的两件圆明园兽首——兔首和鼠首，以捐赠的方式无偿地归还中国。他们的精神，着实令人感动和钦佩！

现在，请跟随我们的脚步，到国外的博物馆，去发现那些中国文物诞生和漂洋过海的故事。

目　录
CONTENTS

第一章

大英博物馆里的中国记忆

它在发现之初，被考古学家误认成了龙。后来的研究发现，它是猪的形象。然而此时，“玉龙”已经家喻户晓，于是人们想出一个办法，把这头玉猪命名为“玉猪龙”。

国宝传奇

西晋的第二位皇帝名叫司马衷，他从小就不爱读书，整天吃喝玩乐，不务正业。皇帝不理朝政，大权就落在了皇后贾南风的手里。贾氏心狠手辣，生活又荒淫无度，引起朝中大臣们的不满。一位叫张华的大臣想了一个办法，他收集了历代先贤圣女的故事，写成了文章——《女史箴》，希望对贾皇后起到劝诫和警示的作用。这篇文章传到了东晋，大画家顾恺之根据文章的内容画成了一幅幅的图画，并配上《女史箴》原文，中国历史上的旷世名作《女史箴图》就这样诞生了。

到了唐代，《女史箴图》成为很多人争相收藏的名画。原画几经易手，早已不知所终。我们现在所能看到的，只有唐代（图 1.1.1）和宋代画家画的两幅摹本了。这两幅摹本的艺术价值也很高，在接下来的一千年里，它们经历了难以想象的颠沛流离……

图 1.1.1 《女史箴图》（局部） 大英博物馆馆藏

唐代画家临摹的《女史箴图》由于神韵接近顾恺之的原作，被后人奉为经典，千年来辗转于宫廷与文人墨客之间（图 1.1.2）。宋徽宗赵佶得到此画后，爱不释手，在画卷中以他特有的瘦金体书写了 11 行的《女史箴》。此后，唐摹本

图 1.1.2 历代印章

《女史箴图》又在金代和明代的宫廷中收藏。明代中期，这件国宝流到宫外，被鉴赏家项子京等文人收藏。清代以后，它重新回到宫中。乾隆皇帝把《女史箴图》和自己心爱的其他一些宝物放在了专门的殿堂之内。南宋摹本也历经坎坷，最后被故宫博物院收藏。

然而，清宫中平静的生活并不长久，1900 年，八国联军侵入北京，清宫遭到洗劫，唐摹本《女史箴图》没有躲过厄运，它被英军大尉基勇松抢走，开始了海外的流亡生涯。《女史箴图》被带到了英国，1903 年，

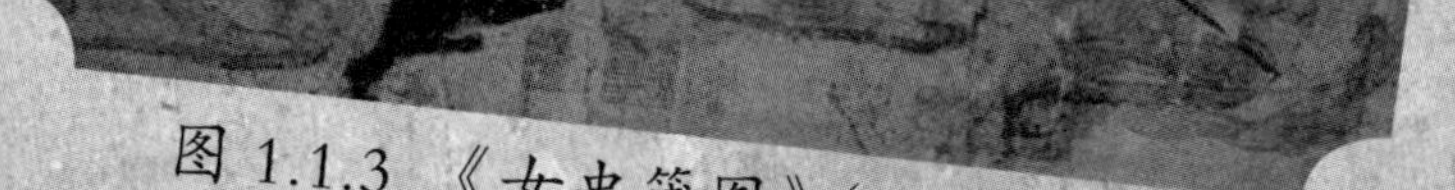

图 1.1.3 《女史箴图》(局部一)

图 1.1.4 《女史箴图》(局部二

大英博物馆以 25 英镑的价格买下了它。虽然大英博物馆把它视作镇馆之宝，却没有好好爱惜、妥善保管。为减少开卷，大英博物馆将《女史箴图》拦腰裁为两截，裱在板上悬挂，致使画卷损坏严重。由于相关知识的欠缺，《女史箴图》在重新装裱时，明清时期文人留下的题跋全都被无情地剪掉。更为可惜的是，被基勇松抢到英国的《女史箴图》原有十二段，但因年代久远，目前仅存九段（图 1.1.3—图 1.1.5）。

图 1.1.5 《女史箴图》(局部三)

《女史箴图》曾有一次回到祖国怀抱的机会。第二次世界大战后，英国政府为感谢中国军队在缅甸仁安羌解救了被日军围困的七千英军，曾有意以《女史箴图》或舰艇作为回报。最终，中国选择了舰艇。就这样，《女史箴图》与祖国擦肩而过，留在了大英博物馆，和收藏在故宫博物院的宋摹本分隔在世界的东西方。

大英博物馆，这座历经200多年风雨的博物馆，究竟有何魅力，能够将东西方文化兼容并包？现在，我们就开始大英博物馆中的中国之旅吧！

博物馆探秘

大英博物馆，又称不列颠博物馆，它的历史可以追溯到1753年。汉斯·斯隆爵士是这座博物馆的奠基人，他在世界各地收罗了大量的艺术品。1753年，英国政府根据他的遗嘱，以市价四分之一的价格收购了他的所有藏品，并同时收购了罗伯特·科顿爵士和哈利爵士的收藏，正式成立了大英博物馆。1759年，博物馆在普斯特卡顿的蒙塔古大楼正式对外开放，免费供全民参观。

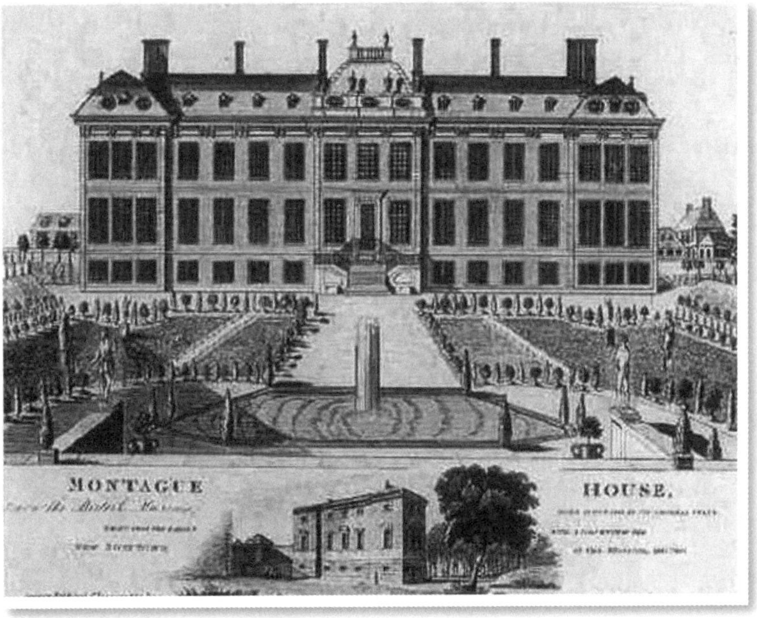

历史上的大英博物馆

建立新馆

后来，这座博物馆里的藏品数量越来越多，博物馆的规模也在日益扩大。为了更好地保存这些藏品，1823 年，英国政府决定在布鲁斯贝利增建新馆，新馆由建筑师罗伯特·史莫克设计，用了 17 年才建造完成。

圆形阅览室

有了新馆之后，蒙塔古大楼不久就被拆除了。新馆建成不久，又在院子里建成了对公众开放的圆形阅览室。

又过了几十年，藏品更加丰富了，新馆也盛不下，于是只能“分家”。1880 年，大英博物馆将馆藏的自然历史标本与考古文物分离，大英博物馆专门收集考古文物。1900 年，博物馆又一次被重新划分，书籍、手稿等内容被分离了出来，组成新的大英图书馆。

从 1884 年到 1938 年，大英博物馆先后增建了爱德华七世画廊、收藏帕特农神殿雕像的西廊等建筑，基本形成了今天的规模。

大英博物馆外景

中国文物在这里

大英博物馆收藏的中国文物有 2.3 万余件，与日本、印度及其他东南亚国家的文物一起存放在东方艺术文物馆里。中国文物在大英博物馆中拥有专门的陈列室和展厅，常年展出 2000 余件中国藏品。除了《女史箴图》等珍贵的书画之外，我们还能看到中国各个时期的出土文物、敦煌壁画、唐宋书画以及明清瓷器等。如此丰富的藏品，让参观者乐此不疲，沉醉其中。走在中国展厅，就像回到了中国古代，这里有聪明智

慧，有刀光剑影，也有光怪陆离的精神世界。

《女史箴图》并不孤单，大英博物馆中还存放着很多来自中国的文物，让我们来一一探寻它们背后的故事。

琳琅满目

原来猪也可以成为龙——玉猪龙

它是这个样子的——

玉猪龙（图 1.3.1）是大英博物馆里年代最早的中国玉器，它从 5000 年前的新石器时代穿越而来。

图 1.3.1　玉猪龙　大英博物馆馆藏

这件由中国辽宁的岫岩软玉雕琢而成的玉猪龙，猪首龙身，通体呈青绿色，身体蜷曲，呈字母 C 形，头部和尾巴靠近。整件器物厚重、粗犷，头部的形象刻画得十分逼真：肥胖的头部，大大的耳朵和眼睛，开阔的嘴唇。器物的中部是光滑的环孔，背部也有一小孔，可以穿绳佩带在腰间。

美丽的误会——

图 1.3.2　卷龙
中国国家博物馆馆藏

玉猪龙其实不是龙，而是猪，这源于一个善意的误会。20世纪80年代初，这种造型的玉器，首先在我国辽宁省凌源市建平县的牛河梁村被发现，考古学家把它误认成了龙。首先发现的这批玉猪，自然也就成了“玉龙”（图 1.3.2）。随着研究的深入，人们发现，玉龙原来是玉猪。为了照顾以往的习惯，人们就想出了一个办法，把这种玉猪命名为“玉猪龙”。

此后，内蒙古自治区和河南省三门峡市等地区，相继出土了这种“猪龙”造型的玉器（图 1.3.3—图 1.3.5），“玉猪龙”的叫法也就传开了。

图 1.3.3　内蒙古自治区敖汉旗博物馆馆藏

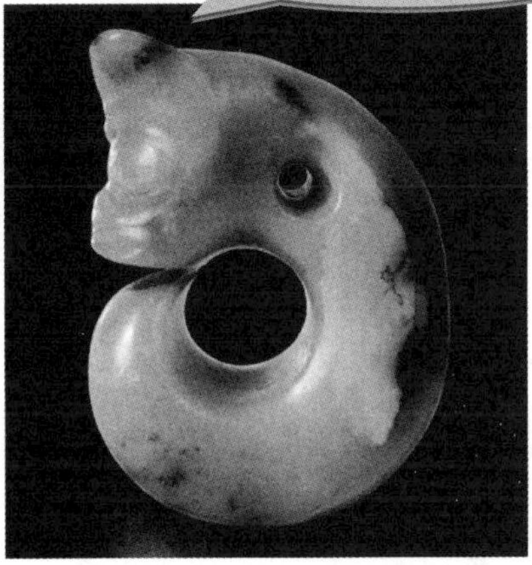

图 1.3.4　内蒙古自治区巴林右旗博物馆馆藏

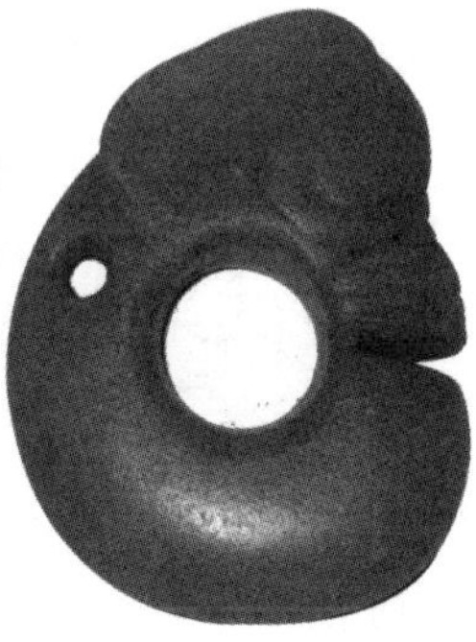

图 1.3.5　河南省三门峡市虢国博物馆馆藏

玉猪龙的形象是怎样产生的？这就要追溯到上万年前的原始社会后期啦！那时的先民完成了对野猪的驯养，并且对猪产生了图腾崇拜。因为野猪有强悍的体形，敢与虎豹相搏，所以在先民的眼中，猪不仅是财富的代表，也是勇猛的象征。于是，我们的祖先就把玉按照猪的形象做成了各种佩件。再到后来，人们又把猪头和龙的身体进行了组合，通过抽象和深化，就成了现在我们所看到的玉猪龙的形象。

玉猪龙是做什么用的呢？这个问题引起过热烈的讨论，基本形成了两种观点：一是用于祭祀活动的礼器，是沟通人与天地、神灵关系的媒介。氏族首领在祭祀祖先或天神时，经常使用它。这类器物在出土时，多数是在死者的胸部发现的，所以第二种观点产生了——它是人们身上的挂件。综合以上说法，玉猪龙很有可能是某种等级和权力的象征。

大英博物馆收藏的这件玉猪龙是什么时候、通过什么方式来到这里的，我们已经不得而知。如今，这件玉猪龙静静地沉睡在展厅中，向世界展示着中国先民原始的信仰。

辉煌年代的见证——康侯簋

它是这个样子的——

在大英博物馆的大厅里，陈列着一件西周初年的康侯簋（guǐ），它是祭祀祖先的礼器（图 1.3.6—图 1.3.8）。

器物内部刻有 24 个字，字虽不多，但是内容很重要，它印证了西周开国的一段历史：西周的第二位君

图 1.3.6　康侯簋
大英博物馆馆藏

图 1.3.8　康侯簋铭文拓本

图 1.3.7　康侯簋铭文的位置

小贴士：

簋是我国古代用来盛放煮熟饭食的器皿，也是一种礼器，流行于商代至东周。

王周成王讨伐商代旧贵族的叛乱之后，把原来商代的都城分封给了康侯，康侯成了卫国的国君。

它出生啦——

商代末年，纣王昏庸残暴，残酷剥削奴隶和平民，修建了许多宫殿、园林，终日饮酒和打猎。在他的统治下，百姓苦不堪言。此时，渭水流域的周部落在西伯侯姬昌的治理下，国力日渐强盛。姬昌死后，儿子姬发即位，决定讨伐纣王，还百姓一个太平盛世。公元前1046年前后，姬发率军进攻商的都城朝歌（今河南省淇县）。经过牧野一战，姬发大败商军，推翻了纣王的统治，建立了周王朝，后人尊其为武王（图1.3.9）。

图 1.3.9　武王像

灭商之后，武王把纣王的儿子武庚也封了侯，继续统治原来的地方。武王又把武庚封地周围的土地分给了自己的三个弟弟——霍叔、管叔和蔡叔，以达到监视武庚的目的。武王死后，武庚联合霍叔、管叔和蔡叔，在东方一些国家的支持下，发动了叛乱。武王的儿子成王在周公的辅佐下，平定了叛乱，把一些亲戚和功臣分封到一些重要地区做国君，成为王朝的屏障。其中最具战略意义的封地——商代的旧都朝歌，成王把它分给了自己的叔叔康侯姬封。此后，姬封以朝歌为中心，建立了卫国。康侯的大臣疑，也分到了一块地方。疑备感荣耀，就铸造了这件青铜器，希望得到祖先的护佑。

重见天日——

几千年后，一个偶然的机会，康侯簋重见天日。1931 年的一天，一场暴雨过后，河南辛村的村民沿着山坡挖窑洞，突然，一个村民挖出了一个奇怪的东西，仔细一看，是一件周身带着铜锈的青铜器，看起来像个大碗，两侧各有一个把手。村民认为这是一件稀罕物，就兴奋地叫其他人来看。大家一看是青铜器，猜想下面一定是个古墓，于是又挖了起来。果然，地下是一座宝库，大大小小的青铜器、陶器，一件接着一件被挖了出来。辛村挖出青铜器的消息不胫而走，文物商、古董贩子蜂拥而至，抢购出土的古董。河南古迹研究会闻讯后，也立刻派人前往，希望制止村民胡乱挖掘墓葬的行为。可是，在他们赶到之前，出土的二十几件文物早已被文物贩子抢购一空。

第二年，在考古学家郭宝钧（图 1.3.10）的主持下，河南古迹研究会又重新发掘辛村古墓，在这一片长约 500 米、宽约 300 米的墓地里，共发掘出了 80 多座墓葬。根据墓葬的规模和出土青铜器的铭文判断，这个墓葬群竟然就是历代卫侯的墓地。可惜的是，这些墓葬大多已被盗，墓葬中的随葬品也所剩无几。许多珍贵的器物早已被文物贩子卖到了文物市场上，还有一些辗转被卖到了国外，其中就有这件珍贵的康侯簋……

图 1.3.10　郭宝钧

被廉价卖出的国宝——《引路菩萨图》

它是这个样子的——

那边，袅袅婷婷地飘来一位菩萨……等等，再仔细看看，啊，原来是一幅高 80.5 厘米、宽 53.8 厘米的唐代晚期绢画上的菩萨！绢画将写实主义和浪漫主义的画风完美结合，描绘了菩萨引导死去的亡灵升入极乐世界的场面。画中的整个场景被袅袅升腾的云气笼罩，点缀着的几朵飘零花雨，把整个画面带入了一种

神秘的宗教气氛之中。画面的右下角有部分云带，细密地描绘着各种花纹，象征天和地之间的界限。左上角是菩萨所乘的黄云，隐藏了一些建筑物，这里就是佛教所说的净土。画幅的右上角写着“引路菩”三个字，画面中很多部分，如香炉、菩萨的发饰，都是用金色描绘的。全画的彩绘鲜艳美丽，完美地体现了唐代绘画的风貌（图 1.3.11）。

画中菩萨（图 1.3.12）步履缓慢，衣服装饰有璎

图 1.3.11 《引路菩萨图》（唐代晚期）
大英博物馆馆藏

图 1.3.12 菩萨放大图

珞，右手握着香炉，左手拿着莲花，莲花的旁边有一缕下垂的白带子——幡（fān，一种窄长的旗子，垂直悬挂）。菩萨的后面紧紧跟着一位年轻的女子，她双目低视，端庄肃穆，面带微笑，被引到“乐土”之中。这位女子衣着宽大，博鬓蓬松，头梳高髻，插着金钿和簪钗，面部施有朱粉与口脂一类的化妆品，眉式为浓晕蛾翅眉（图 1.3.13）。人物形象娴雅而具富贵之气，与唐代中期著名画家周昉《簪花仕女图》（图 1.3.14）中的人物如出一辙。

看她们像不像？

图 1.3.13 《引路菩萨图》中的贵妇形象

图 1.3.14 《簪花仕女图》中的贵妇形象

重见天日却颠沛流离——

这种菩萨引路题材的图画，大英博物馆共藏有两件（另一幅见图 1.3.15），都是英国探险者马尔克·奥莱尔·斯坦因（图 1.3.16）从中国敦煌莫高窟藏经洞带到英国的。

图 1.3.15 《引路菩萨图》（北宋）
大英博物馆馆藏

图 1.3.16 马尔克·奥莱尔·斯坦因

1900年6月22日，居住在莫高窟下寺的道士王圆箓在清理现在编号第16窟的甬道积沙时，偶然发现了藏经洞（也就是现在的第17窟），洞中发现了4至11世纪的佛教经卷、文书、刺绣、绢画、纸画、法器等文物5万余件，这可是一大批珍宝啊！他很快向当地知县报告了藏经洞被发现的经过。知县在命令他赶快就地封存的同时，也把这一情况报告给了当时的甘肃学政、金

石学家叶昌炽。但此时正逢八国联军侵华，时局动荡、官场腐败，没有人顾得上这件事情，上交的文物沿途被各级官员瓜分，此事便不了了之了。就这样，藏经洞里的文物错过了被完整保存的历史机遇。

1907年，藏经洞等到了第一位对它感兴趣的“客人”，那就是掠夺藏经洞文物的第一人——马尔克·奥莱尔·斯坦因。在中文翻译秘书蒋孝琬的出谋划策下，斯坦因乘王道士整修洞窟缺乏修缮资金之机，谎称自己是唐玄奘的追随者，希望能像玄奘西天取经那样从藏经洞取走经书，日后归还。最后，他以200两白银“功德钱”的代价，带走了29箱书籍和艺术品。1914年，斯坦因再次来到藏经洞，又以500两白银向王圆箓购得了570余件写本、绘画等。斯坦因带走的这两批文物现大多藏于大英博物馆，数量在1.37万件左右，两幅《引路菩萨图》

就在其中。藏经洞在世界上引起了强烈的轰动，刺激了其他国家的探险者，他们纷纷来到敦煌掠宝，敦煌文书、壁画等珍贵文物再一次大规模流失。

敦煌藏经洞引路菩萨题材的绢画共有11幅，除了大英博物馆的2幅之外，还有9幅分别藏于法国吉美博物馆（6幅，图1.3.17）、中国甘肃省博物馆（1幅）和中国敦煌博物馆（2幅）。其中，吉美博物馆的6幅是由探险家保罗·伯希和在1908年带回法国的。幸运的是，伯希和深谙汉语和中国历史，他带走的藏经洞文物得到了很好的研究，一门研究藏经洞文物的学问——“敦煌学”也得以兴起，并逐步发展成为具有国际影响力的学科分支。收藏在大英博物馆里的这两幅引路菩萨绢画，成为人们研究唐代民间宗教信仰的原始资料。

图1.3.17 《引路菩萨图》（五代）
吉美博物馆馆藏

国宝档案

密

东国公主传蚕种木版画

类别：木版画

时代：唐代

原属地：新疆和田

现藏地：大英博物馆

身世揭秘：这件木版画（图 1.4.1）是 1914 年斯坦因发掘和田地区丹丹乌里克古城遗址时，偶然得到的。木版画的中央是一位盛装的贵妇人，头戴着高高的帽子，旁边有两个侍女，左边侍女手指着贵妇人的帽子。画的左端有一个盛满了东西的篮子，右端有一件纺车形状的物品。画中的贵妇人就是故事的主人公——东国公主（图 1.4.2）。侍女手指贵妇人的帽子，是在暗示帽子下面隐藏的是蚕种，纺车形状的物品代表的则是制丝技术。

图 1.4.1　东国公主传蚕种木版画

图 1.4.2　东国公主放大图

这幅唐代木版画，印证了玄奘在《大唐西域记》中记载的故事：古时候的瞿萨旦那国（在今新疆和田附近）没有蚕桑技术，便派使臣前往东国请求恩赐。东国不但拒绝了使者的请求，还严禁蚕种外传。瞿萨旦那国的国王便想到用求婚的办法获得蚕种，他让使臣传话给即将出嫁的东国公主，希望她能带来一些蚕种，好自己做衣服。公主把收集来的蚕种藏在自己的帽子里，躲过了盘查，蚕种就这样传入了瞿萨旦那国。人们对“东国公主”的身份做出了种种猜测：汉朝公主、北魏公主、

鄯善公主，还是楼兰公主，说法不一。但是，绘画和故事反映了一个真实的历史，那就是养蚕、缫丝、织绢技术是从中原逐渐西传的。东国公主传蚕种的故事，为蚕桑技术西传的历史提供了很好的注脚，也是这件藏品入选 2009 年“大英博物馆 100 件文物”的原因。

密

白地黑花熊纹瓷枕

类别：瓷器

时代：宋代

原属地：磁州窑

现藏地：大英博物馆

身世揭秘：这件宋代磁州窑烧造的瓷枕（图 1.4.3），腰圆形，直径 31.5 厘米。枕头的外围装饰有较宽的黑

图 1.4.3　白地黑花熊纹瓷枕

边，其余部分是用白釉装饰的。中心地带用黑色绘制了一只憨态可掬的熊，它被铁链拴在一根木桩上。这件器物运用了典型的“白地黑花”装饰方法，即在白度不高且比较粗糙的胎体上先涂上一层白色的化妆土，然后在这层化妆土上以赤铁矿绘画图案。把较细的陶土或瓷土用水调和成泥浆涂在陶胎或瓷胎上，器物表面留有的一层色浆就是化妆土，可以起到美化和装饰的作用。这种装饰方法完美地结合了中国绘画中的写意画法和图案装饰方法，使花卉、人物、鸟兽、虫鱼、山水风景等自然景物生动地再现在瓷器上，瓷器便有了生活的气息。

使用猛兽作为瓷枕的纹饰，可以起到镇邪的作用。宋代磁州窑的许多瓷枕枕面都绘有熊、虎、狮子等猛兽的图案。如故宫博物院收藏的一件宋代磁州窑白地黑花“镇宅”铭狮纹枕（图1.4.4），枕面左侧的“镇宅”二字点明了狮纹的寓意。此外，瓷枕还具有清凉解暑的功能。所以，瓷枕成为中国民间喜闻乐见的瓷器造型。

图 1.4.4 磁州窑白地黑花“镇宅”铭狮纹枕 故宫博物院馆藏

瓷

汝窑玉壶春瓶

类别：瓷器

时代：北宋

原属地：汝窑

现藏地：大英博物馆

身世揭秘： 大英博物馆馆藏的这件玉壶春瓶（图 1.4.5），是英国著名收藏家阿尔弗雷德·克拉克夫妇的旧藏，为宋代的汝窑烧造。它的瓶口张开着，有细细的颈部、下垂的腹部，呈现出一种变化柔和的弧线。有关“玉壶春瓶”名称的由来，一般的书籍认为是从宋人的诗句“玉壶先春”衍化而来，也有人说是由“玉壶买春”而得名。比较可信的说法是，“玉壶春瓶”的名称是由“玉壶春”酒发展而来。唐宋时期，人们多称酒为“春”，许多酒的名字直到现在还叫某某春，如景阳春、五粮春、剑南春

图 1.4.5　汝窑玉壶春瓶

等，“玉壶春”就是一种酒的名字。可以想见，这种酒在宋代一定是好酒，有很高的知名度。盛装这种酒的瓶子，就是这种造型的瓷器。因为这种酒长期盛行不衰，酒瓶的形状也为人们所熟悉，久而久之，人们便把这种造型的瓶子叫作“玉壶春瓶”了。汝窑的存在只有二十几年光景，成品数量极为稀少。截至目前，全世界传世的汝窑瓷器加起来也不过60多件，非常珍贵。“物以稀为贵”，汝窑的身价也就不菲了。2012年4月香港苏富比拍卖行举办的“天青宝色日本珍藏北宋汝瓷”专场上，一位收藏家用2.0786亿港元拍到了一件北宋汝窑的天青釉葵花洗（图1.4.6）。这件汝瓷也是英国收藏家克拉克夫妇的旧藏，后来转让给了一个日本收藏家。大英博物馆收藏有包括玉壶春瓶在内的5件汝窑瓷器，其珍贵程度是难以估量的。

图 1.4.6　汝窑天青釉葵花洗

小贴士：

洗，古人把用来装水的盆，称为"洗"。

密

青花云龙纹象耳瓶

类别：瓷器

时代：元代至正十一年

原属地：北京智化寺

现藏地：大英博物馆

身世揭秘： 该对瓷瓶（图1.4.7）高63.6厘米，器形挺拔俊秀，有盘子形状的口，双耳为象鼻造型，腹部饰有卷云四爪龙纹，故称青花云龙纹象耳瓶。瓷瓶的装饰布局繁复，除耳外，共有八层纹饰。这对青花瓷瓶几乎囊括了元代青花瓷绘画除人物外的全部元素，

图 1.4.8 蕉叶纹饰上的文字标识

图 1.4.7 青花云龙纹象耳瓶

如龙纹、海水、蕉叶、扁菊、云纹、缠枝莲纹和杂宝等。花瓶使用的青花色料为苏泥勃青（又称苏麻离青，是一种从波斯进口的青花色料）。根据瓶颈蕉叶纹饰中间的 62 字铭文（图 1.4.8），我们可以知道，这对器物的制造年代是元代至正十一年（1351 年），用途是宗教信徒奉献给该地的民间神灵——胡净的供物。

这对瓷瓶原先供奉于北京的智化寺，1929 年以后流落国外，后被大维德爵士买去，并长期存放于大维德基金会，所以这对瓷瓶又被称为大维德花瓶。2007 年年底，大维德基金会由于无法维持，便将藏瓷长期借与大英博物馆，大英博物馆成为瓷瓶实际上的主人。这对青花瓷瓶具有重大的学术价值，国内外对于元代青花瓷的研究，就是从这对瓶子开始的，它们使元青花受到全世界中国古代陶瓷学研究者的重视和公认。这种类型的青花瓷被中国陶瓷界定名为“至正型”元青花，而这对青花云龙纹象耳瓶就成了判断“至正型”元青花年代的标准器物。

密

大明通行宝钞（壹贯）

类别：纸币

时代：明代洪武八年

原属地：明代宝钞提举司

现藏地：大英博物馆

身世揭秘：这张高30多厘米、宽20多厘米的纸币（图1.4.9），是目前世界上面积最大的纸币。纸币的上方从右至左写着“大明通行宝钞”六个字。这行字的下方写着的“壹贯”是指纸币的面额，大字的下面画着十串一千文的图案。纸币的边缘用龙的图案装饰，表示纸币是由政府发行的。在纸币的最下端写有几列长长的文字：“户部 奏准印造 大明宝钞与铜钱通行……”根据明代的史书记载，大明通行宝钞是明代官方发行的唯一纸币（其铜版见图1.4.10），在明代流通了多年。由于宝钞只发行、不回收，市场上的纸币泛滥成灾，导致了通货膨胀，人们纷纷改用白银和铜钱。至16世纪上半叶，宝钞实际上已经废止。此后，明代基本上没有再发行纸币。直到明代末年，崇祯皇帝在大臣的建议下试图恢复宝钞的发行，并赶造了许多宝钞。然而，那时的明王朝已经摇摇欲坠，大明通行宝钞最终和王朝的基业一起进入了历史的长河。

大明通行宝钞是明代经济发展的见证，因此入选“大英博物馆100件文物”。

我是明代经济发展的见证。……

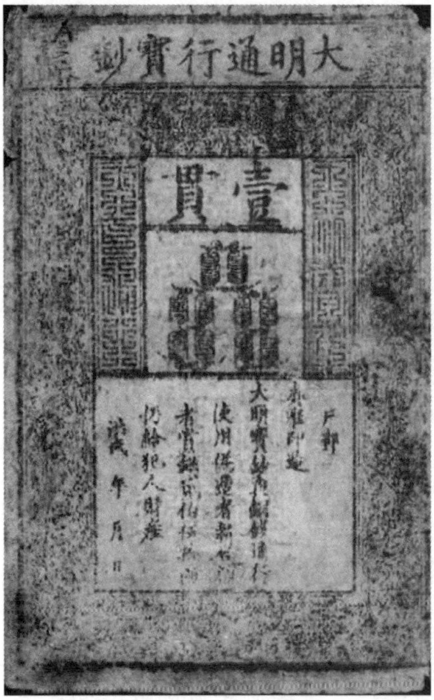

图 1.4.9　大明通行宝钞（壹贯）

图 1.4.10　大明通行宝钞铜版（壹贯）

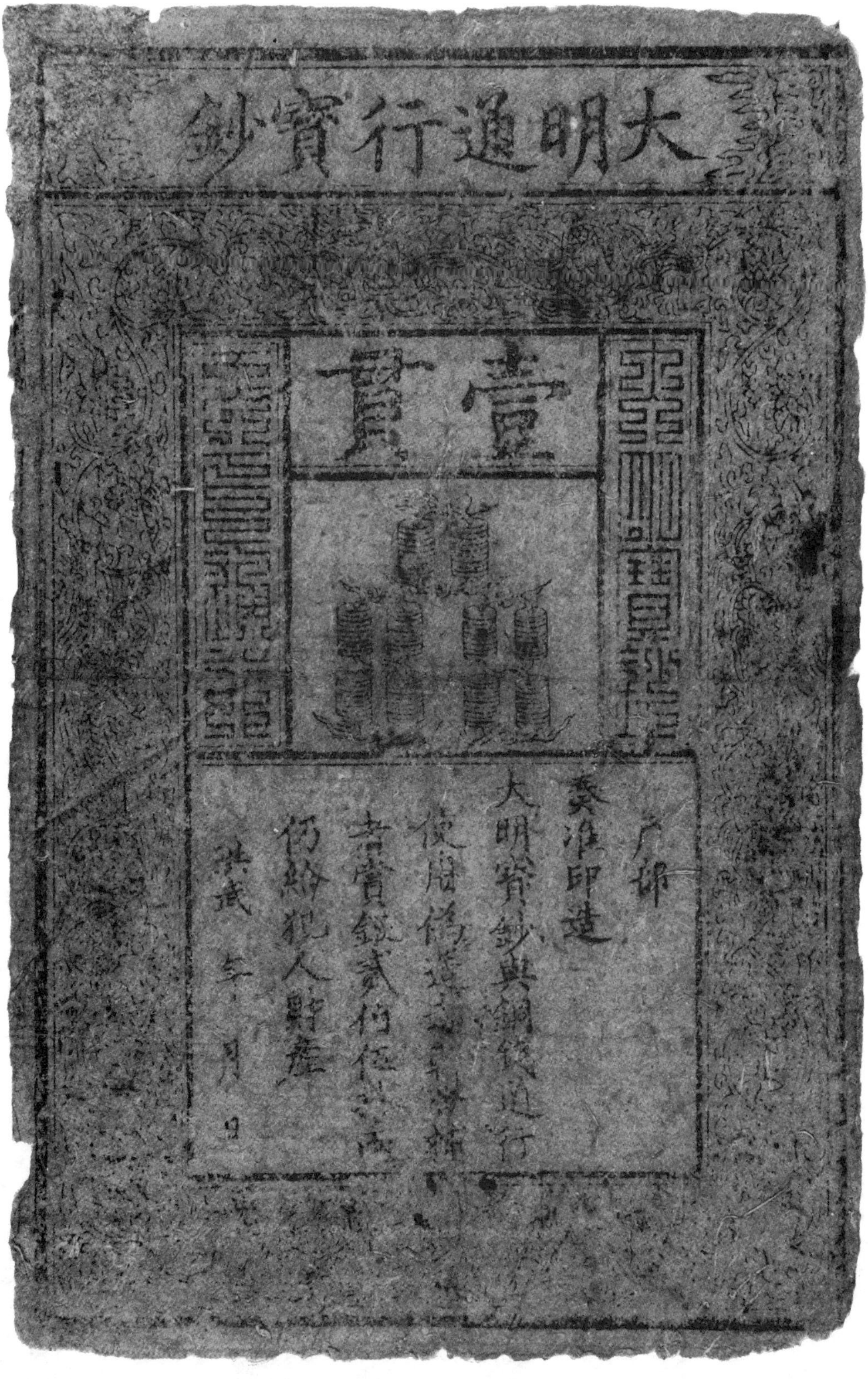
大明通行寶鈔
壹貫
户部
奏准印造
大明寶鈔與銅錢通行
仍給犯人財產
洪武 年 月 日

密

剔红滕王阁漆雕盘

类别：漆器

时代：明代弘治二年

原属地：甘肃平凉

现藏地：大英博物馆

身世揭秘：这件“弘治二年”（1489年）款的盘子（图1.4.11），描绘了675年一场在滕王阁（坐落在今天的江西省南昌市，图1.4.12）举办的离别聚会。著名的唐代诗人王勃参加了此次聚会，写下了千古绝唱——《滕王阁序》。盘子上，祥云密布天空，仙鹤翱翔其间。在盘子的边缘，神仙岛旁水波荡漾，鹿也来到了画面前方的聚会上。仙鹤和鹿都是长寿的象征。房屋的框架和瓦片搭建得错落有致。盘子的背面雕刻

图 1.4.11　剔红滕王阁漆雕盘

图 1.4.12　滕王阁

的是《滕王阁序》末尾的一首七言律诗："滕王高阁临江渚，佩玉鸣鸾罢歌舞。画栋朝飞南浦云，珠帘暮卷西山雨。闲云潭影日悠悠，物换星移几度秋。阁中帝子今何在？槛外长江空自流。"楼阁的柱子上刻有"弘治二年平凉王铭刁"的款识，表明这件器物来自中国的甘肃省，是平凉漆雕的代表作品。平凉漆雕素以细腻光亮、图形刀法精美和漆膜优良而著称，是漆雕收藏者的首选。漆雕，又称剔红，先用木料或金属做成一定的器物形状，然后在器物的表面层层刷涂红漆，使外层的漆达到相当的厚度之后，描上画稿，最后在漆上雕刻花纹。大英博物馆的这件漆雕盘，制作过程和工艺更为复杂，合理搭配了红、绿、黄、黑四种漆色，是中国漆雕高超技艺和手法的最好展示。

第二章

吉美博物馆里的中国陶瓷

吉美博物馆里最耀眼的瓷器，莫过于乾隆时期官窑烧造的粉彩霁蓝描金花卉大瓶了。它色彩丰富雅致，图案华贵娇艳、流光溢彩，尽显皇家气韵。

国宝传奇

1399年，镇守北平（今北京）的燕王朱棣发动了争夺皇权的战争，史书上称作“靖难之役”。他打着“清君侧”的旗号向南京进发，经过三年的努力，终于攻入了南京，赶走了建文帝，成为明代历史上的第三位皇帝——明成祖。即位之后，朱棣封真武大帝为武当山的主神，大规模修建武当山的道教建筑，同时也在全国各地大修真武大帝的宫观。于是，民间掀起了对真武大帝的崇拜浪潮，与之相关的器物越来越多，那些器物有许多流传至今，具有很高的历史价值。

吉美博物馆收藏的真武大帝瓷像

（图 2.1.1），使用了茄（紫）、绿、黄三种色彩，瓷体非常洁净、细腻，是由明代景德镇的官窑烧造的。这尊真武大帝瓷像，有天圆地方形的脸，很长的耳廓，上唇八字短须，里面穿着高领的圆衫，扎着方巾，外面穿着一件绿色的龙袍，披发端坐，神态庄重含蓄。一种似曾相识的感觉把观众们的眼球一下子吸引住了。这尊真武大帝瓷像，与故宫博物院收藏的朱棣画像（图 2.1.2）是那么神似！

图 2.1.1　景德镇官窑三彩真武大帝瓷像
吉美博物馆馆藏

图 2.1.2　朱棣画像

明代的真武大帝像为什么酷似朱棣呢？这是困扰着观众们的一个谜题。

原来，朱棣是明代镇守北方的燕王，他想要夺取皇位，又担心名不正言不顺，民众和将士们不能接受，就想到了利用北方的神灵——真武大帝的名号来发动战争。起兵誓师之日，风云骤起，朱棣借机披发仗剑，扮作真武附体的样子，告喻燕军将士作为正义之师，奋勇向前。以后的战争中，燕军总是高举“真武”旗帜，在敌众我寡的情况下力克南军。“靖难”成功之后，真武大帝被朱棣尊奉为“北极真武玄天上帝”，每年三月初三和九月初九都要祭祀他。

传说朱棣在成为永乐皇帝后，要在武当山为真武大帝塑像（图 2.1.3），工匠们谁也没有见过真武大帝是什么样，塑造一尊，就被皇帝否定一次。最后，工匠们灵机一动，就按照永乐皇帝的容貌塑造了真武神像，终于得到了永乐皇帝的认可。正因明代的艺术作品中，真武大帝常常被塑造成永乐皇帝的形象（图 2.1.4），从前真武大帝身长百尺、金锁甲胄、按剑而立、眼如电光的威严形象（图 2.1.5）就慢慢被改变了。

图 2.1.3　武当山真武大帝铜像

图 2.1.4　真武大帝铜像

图 2.1.5　真武大帝戎装像

吉美博物馆馆藏的这件使用茄（紫）、绿、黄三种色彩的瓷器，叫作“素三彩”。明代成化年间（1465—1487），首先在景德镇的官窑中烧造成功。这种瓷器的做法很有讲究：在素胎上填充绿、黄、茄（紫）三色的釉料之后，放入窑中烧造。“素胎”是指瓷器在填充釉料之前预先烧制的胎体，这样的胎体可以增加瓷体的机械强度，搬运时就不容易损坏。此外，瓷器在填充釉料时，也不会因浸湿而导致开裂。素三彩瓷器是西方人的最爱。在他们的眼中，一件精美的素三彩瓷器，应该值一万两黄金的价码，甚至更高。大概正是由于西方人的欣赏眼光，这件素三彩瓷像才会被摆放在吉美博物馆的展柜中吧。

除了真武大帝瓷像之外，吉美博物馆里还珍藏着许多中国瓷器。这些中国瓷器会为我们讲述什么样的故事呢？现在，我们走进吉美博物馆去探寻究竟吧！

博物馆探秘

吉美博物馆的全称是吉美国立亚洲艺术博物馆，由法国里昂市的工业巨子爱米尔·吉美创办。吉美先

爱米尔·吉美先生

生曾经多次到过埃及、希腊，还在1876年游览过日本、中国和印度等许多亚洲国家。在漫长的旅途中，他收集到了埃及、古罗马、希腊和一些亚洲国家的大量宗教艺术作品。为了展示这些艺术品，吉美先生就建立了这座博物馆。1889年，该馆正式向民众开放。1927年，吉美博物馆被法国政府收归国有，成了名副其实的国立艺术博物馆。

1993年，吉美博物馆通过了由建筑设计师亨利、布律诺·戈丹和博物馆专家小组共同负责的改建计划提案。三年之后，博物馆改造计划启动，到全部竣工，中间经历了五个年头。改建后的吉美博物馆拥有五层地上展厅，展览面积增加到 6000 多平方米，一下子成了欧洲人研究和认知亚洲文明的中心机构。

现在的吉美博物馆专门展示亚洲的艺术品，在西方拥有最多的亚洲艺术藏品。吉美博物馆里这么丰富的亚洲艺术品是怎样获得的呢？1927 年吉美博物馆在归属法国博物馆总部时，曾接收过一大批艺术品，这些艺术品是由保罗·伯希和与爱德华·沙畹等人在中亚和中国进行探险考察时获得的；从 1927 年开始，博物馆又先后收到了印度支那博物馆的许多原件真品；20 世纪二三十年代，吉美博物馆先后入藏了法国考古工作队在阿富汗进行发掘时出土的文物。1945 年法国

吉美博物馆外景

雕塑大厅

政府对国有博物馆收藏进行重新组合的时候，罗浮宫博物馆向吉美博物馆转交了它们馆内所有的亚洲艺术品，作为吉美博物馆向罗浮宫转让部分埃及文物的交换。现在，吉美博物馆馆藏的亚洲文物达到5万余件，其中，中国藏品就有2万多件。

这里的中国展厅

吉美博物馆里的中国展厅分“远古中国”“古典中国”和“佛教中国”三个部分，尼泊尔则和中国的西藏单独组成了“喜马拉雅山文化”展区。除了陶瓷之外，吉美博物馆展出的中国文物还有青铜器、绘画、木雕、三角幡头、纺织饰品残片和明清家具等多种类别。

透过包括三彩真武大帝瓷像在内的中国陶瓷，观众们看到了中国各个时期主要的窑场以及重大的陶瓷技术革新，中华悠久灿烂的文化也在陶瓷上得到了体现，这就是吉美博物馆馆藏中国陶瓷的魅力所在！

琳琅满目

女骑士的风采——唐代仕女马球俑

它是这个样子的——

说到中国古代的宫廷女子，人们想到的可能都是娇小婀娜、弱不禁风的形象，但是唐代的女子却是特例。我们在吉美博物馆的中国展厅中，找到了一组陶俑（图 2.3.1），展示了唐代女子矫健的身姿。这组唐代仕女马球俑，个个身着特殊的服装，坐在奔驰的马背上，神情专注地开展着一项叫作“马球”的运动。马球，又称“击鞠”“击球”，是一种人骑在马上，手持长柄球槌击打木球的运动。东汉的文学家曹植写过一首诗，名叫《名都篇》，对马球运动进行了描写：“连翩击鞠壤，巧捷惟万端。”这两句诗说明早在东汉末年，马球就已经作为一项运动在中国盛行了，后来马球在中国一度失传。唐代时，马球通过波斯（今伊朗）再次传入了我国，因此又被称为“波斯球”。

这组仕女俑一眼看去，给人一种天马行空、豪迈

图 2.3.1　仕女马球俑　吉美博物馆馆藏

奔放的感觉，女骑士们纵马驰骋的飒爽英姿扑面而来（图 2.3.2）。

其中的一件陶俑（图 2.3.3）最是精彩，刻画的是一名女子双腿猛地夹紧骏马，左手控制缰绳，右手腾出准备击球的景象，显示出巾帼不让须眉的英姿。马

图 2.3.2 陶俑之一

图 2.3.3 陶俑之二

上的女孩，头发扎成两个分开的环髻，身穿一件绿色束腰的长衫，红色紧身裤，黑色皮靴，骑在一匹疾奔的、身形健壮的马上，她的腰间盘绕着作为队标的绿色带子。这件精美绝伦的彩塑让人们对中国唐代仕女和仕女坐骑的马鞍有了更直观的印象，马和人的视线

被马球紧紧吸引住，马的两绺额毛因为奔驰的速度快而被吹向两边，这位矫健的仕女正准备用标准的姿势以球棍击打。

陶俑的制作者不但把仕女的衣着和面部表情刻画得淋漓尽致，就连仕女坐骑的配饰，如华美的马鞍、马笼头、马胸带，以及马尾部扇形的垂饰都无一遗漏，生动地表现了唐代马球娱乐运动的考究和奢华。

马尾上的秘密——

细心的你可能已经注意到这些唐代仕女的坐骑，都没有长长的马尾毛，好像全被剪掉了一样（图 2.3.4），这是为什么呢？原来打马球的球棍长达数尺，球棍端头弯曲，在打球的过程中，一不小心球棍就会与长长的马尾纠缠在一起。为了安全起见，人们想出了一个

图 2.3.4　马俑

办法，就是把马尾毛剪掉一部分，剩下的粗短部分再扎成辫子或束成结。

唐代的马球运动主要是在军队和宫廷中传播。唐代的帝王有不少都是马球运动的倡导者与参与者，唐

玄宗李隆基就酷爱马球运动。唐代的将领一般都具备马上运动或骑射的本领。在宫廷中，马球更是深受贵妇们喜爱的运动。所以，我们能够在唐代的陶俑上看到宫廷女子打马球的场面。女子打马球的形象已经成为中国文化的一种标志，在世界上流传开来。2012年，中国奥委会向伦敦奥组委赠送了一组群塑，群塑的原型就是唐明皇和杨贵妃打马球的场景（图2.3.5），作为伦敦奥林匹克公园的一景，供人们观赏。

如今，这组仕女马球群俑和伦敦奥林匹克公园的马球群塑，向世界展示着中国妇女“巾帼不让须眉”的豪迈。

图 2.3.5　明皇贵妃打马球群塑

伦敦奥林匹克公园

荡舟而去的使者——青花张骞乘槎塑瓷笔架

它是这个样子的——

吉美博物馆收藏的这件笔架（图 2.3.6—图 2.3.7），是明代宣德年间烧造的。笔架高 8.4 厘米，长 15.5 厘米，刻画的是一位长者端坐在槎（chá，木筏子）上，他身着长袍，长须飘飘，一手执卷，面带微笑，神态安详，悠然自得。木筏之下波浪翻滚，海中巨石矗立。这位长者是谁？他就是奉汉武帝之命出使西域的张骞。

图 2.3.6　笔架正面

图 2.3.7　笔架背面

神秘的传说——

笔架取材于“张骞乘槎”的故事，寓意“一帆风顺”“平步青云”。这个故事是一段雅俗共赏、耐人寻味的古代传说，最早的来源是关于“仙人乘槎”的记载。晋代张华的《博物志》上说，天上的银河与大海是相通的，每年八月都有槎往来其间，曾经有人好奇，乘槎而去，发现了一处世外桃源。织女与牛郎住在这里，悠闲自在，怡然自得，一派田园景象。后来，有人把这个美丽传说中的主人公附会到了张骞身上，说张骞出使西域时，曾使用了槎。“仙人”变成“张骞”的时间，大概在南北朝时期的南朝梁。

当时的文人宗懔（lǐn）在《荆楚岁时记》一书中完整地写道：传说汉代张骞出使西域的大夏国时，为了寻找黄河的源头，乘槎来到了一座城市，看见一个女子在室内织布，又看见一个男子牵着牛在河边饮水。张骞离开时，织女送给他一块支机石（相传是织女用来支撑织布机的石头）。张骞回到长安后拿给东方朔看，东方朔一眼便认出了石头的用途。

这才是真相——

这件明代艺术品所暗示的乘槎人，其实不是张骞，而是奉明成祖朱棣命令七下西洋的航海家——郑和（图 2.3.8）。明代景德镇烧造的青花瓷中，有许多张骞乘槎的图案（图 2.3.9），都是在暗喻郑和。为什么不叫作“郑和乘槎”，而称作“张骞乘槎”呢？

图 2.3.8　郑和画像

图 2.3.9　崇祯时期张骞乘槎青花罐

估计因为郑和是太监，不是平常老百姓的缘故吧。有的人还拿出了其他的佐证，如明代的青花瓷器上多有海马纹（图 2.3.10）的图案，也是暗指郑和（郑和本姓马）。马有翅膀，有“马生双翼”的意思，而“海”则代表了“奉圣命出洋”。

图 2.3.10　宣德时期青花釉里红海马纹高足杯

细细地品味笔架的美术工艺，它的着色很有特点。仔细观察之后，我们可以看到，在翻滚的波浪上，有浓淡不一的笔触痕迹，这是宣德青花瓷器的一个重要特征。工人在着色的时候，使用了一种短而纤细的毛笔，这样描绘的每一笔所蘸的颜料都很少。在经过不断地蘸颜料描绘之后，着色这道工序才能最终完成。

明代宣德青花瓷以它古朴典雅的造型、晶莹艳丽的釉色和多姿多彩的纹饰享誉海内外，被国内外的鉴赏家竞相收藏。早在明代宣德年间，就已经远销海外。尽管吉美博物馆有很多件宣德时期的青花瓷器，但多数是比较高大的碗、罐、瓶等，而像笔架这样小巧玲珑，又有着丰富历史文化内涵的小件器物极为罕见。正因为罕见，它也就更加珍贵了。

富丽堂皇的天子气象——乾隆粉彩霁蓝描金花卉大瓶

吉美博物馆里最耀眼的中国瓷器，莫过于乾隆时期官窑烧造的粉彩霁（jì）蓝描金花卉大瓶（图 2.3.11）了。

图 2.3.13 大瓶花卉之二——芙蓉

图 2.3.12 大瓶花卉之一——荷花

图 2.3.11 乾隆粉彩霁蓝描金花卉大瓶
吉美博物馆馆藏

它是这个样子的——

大瓶高 64.7 厘米，造型规整端庄，充分体现出乾隆时期烧造大件器物的高超技艺。瓶子的色彩丰富雅致，图案华贵娇艳、流光溢彩，尽显皇家气韵。大瓶腹部呈现六瓣瓜棱的形状，每瓣瓜棱的框格内都绘有不同的花卉，包括芙蓉、梅花、菊花、红白石榴、荷花和牡丹（图 2.3.12—图 2.3.13），再现了 18 世纪中国宫廷花卉的写实风格，并寓意着一年四季富贵连连、长寿多子，也寄托着不畏严寒的高风亮节。大瓶颈（图 2.3.14）和圈足的部位，描绘的是蝙蝠和缠枝莲，表达出吉庆连连的美好祝愿。颈部以及圈足部位采用的是霁蓝描金技法，承袭了明代瓷器的主流风格。

图 2.3.14　大瓶颈部

霁蓝釉是明代创造出的一种高温石灰碱釉，是在生坯上填充釉料，经过1280~1300℃高温一次烧成。烧成以后的霁蓝釉具有色泽深沉、釉面蓝如深海、不流不裂、色调浓淡均匀和呈色稳定等特点。缠枝和莲纹相间的吉祥图案、蝙蝠以及如意云纹等描金纹饰，借鉴了西洋美术和珐琅器中的轧道工艺，属于清代的装饰风格。

雍正和乾隆时期的瓷器多描绘有花卉，这源于皇帝的喜好。尤其是乾隆皇帝，更加钟情于厚实釉质的彩绘色料，经常给督造瓷器的官员唐英、老格下旨选取花卉图样，并把两种以上不同主题的花卉绘制在同一件瓷器上。

它的回归——

这只大瓶原为一对，是圆明园的藏品，1860年"火烧圆明园"后同时流失，其中一件由法国收藏家格朗迪德带回法国。1894年，他将所藏的瓷器捐赠给了罗浮宫，其中就包括大瓶在内的数件圆明园瓷器。1945年大瓶转入吉美博物馆收藏。而另一件在辗转流传之后，被美国芝加哥著名收藏家比尔·利特尔收藏。2007年，北京翰海拍卖公司把它征集归国，进行了拍卖，著名的收藏家马未都先生最终以2408万元的价格购得此瓶。大瓶能够回到祖国的怀抱，实为中国文物界的一件幸事。

图 2.3.15　霁蓝地描金粉彩诗句花卉纹大瓶
故宫博物院馆藏

乾隆时期类似尺寸的官窑大瓶目前仅存四件。除了这对之外，另外两件是藏于故宫博物院的“霁蓝地描金粉彩诗句花卉纹大瓶”（图 2.3.15）和台北“故宫博物院”的“乾隆粉彩霁蓝描金花卉诗句八方瓶”。故宫博物院所藏的那件花卉大瓶为三组诗文与三组花卉，间隔装饰在六瓣瓜棱形的瓶身上。

吉美博物馆和马未都先生所藏的这对圆明园花卉大瓶在霁蓝描金技法和花卉彩绘的处理上，远远胜过了故宫博物院和台北“故宫博物院”的那两件粉彩大瓶。所以，它们的珍贵程度是不言而喻的。

国宝档案

窑

青白釉双凤嘴注壶

类别：瓷器

时代：北宋

原属地：景德镇湖田窑

现藏地：吉美博物馆

身世揭秘：注壶的用途为浇水或者倒酒。这把注壶壶口外撇，口部刻有弦纹多道（图 2.4.1）；壶的腹部呈椭圆形，为莲瓣纹的刻花装饰；壶嘴为两只并排的凤嘴；把手为并行弯曲的三段，有三道匝紧的圆圈（图 2.4.2）；壶的底部外撇。注壶通体填充青白色的釉料，造型端庄秀丽，颈部弦纹工整，腹部花朵鲜活、线条刚劲有力，图案清晰并有韵律的美感，是北宋中期以后景德镇湖田窑的代表作。这种青白釉，青中带白、白中闪青，加之瓷壁极薄，刻画的花纹在光照之下可以映见，故被称为“影青瓷”。由于釉色青白

图 2.4.1　青白釉双凤嘴注壶

图 2.4.2　壶把

淡雅，釉面明澈丽洁，胎质坚致腻白，色泽温润如玉，又有“假玉器”的美称。湖田窑的刻花工具很是特别，它是一种扁平斜口面的竹笔，笔端被削成了宽 1~2 厘

米阶梯状排列的一根根细竹丝，形状类似于现在的排笔。烧造影青瓷需要高超的技术——先由陶瓷艺人在坯体上刻制图案，涂上透明的青釉之后，再用高温烧造而成。瓷器透光度的好坏，完全取决于窑工能否娴熟地掌控不能完全燃烧的还原焰。正因为烧造工艺复杂，所以传世影青瓷极为稀少。

窑

钧窑天青紫釉葵花式三足盆

类别：瓷器

时代：宋代

现藏地：吉美博物馆

身世揭秘： 这件宋代钧窑烧造的盆（图 2.4.3），口为平折沿，呈六瓣葵花状，盆腹较浅，底部附着三

图 2.4.3 钧窑天青紫釉葵花式三足盆

个如意形状的小足。器物通体涂有天青色的釉料，深紫色自然而又均匀地晕散在器物的各个地方，光润细腻，有玻璃的质感，显得十分厚重。在黄昏的光照之下，紫色和青色有如雾一般的感觉，变化莫测，亦真亦幻，诗意盎然，因此古人写有“夕阳紫翠忽成岚”的诗句，来称赞这种天青紫釉色的钧窑瓷器。

器物上的紫色，是釉料内含有的氧化铜成分在不完全燃烧的还原火焰下形成的色彩。钧窑釉色的烧制很难把握，有的钧窑瓷器在烧造后釉面下会出现不规则的流线，像蚯蚓爬行在泥土中，因此被称为“蚯蚓走泥纹”（图 2.4.4）；有的瓷体会留下气泡造成的凹痕，被称为“橘皮”或“棕眼”（图 2.4.5）。由于数量和造型受到宫廷的严格控制，加之浑然天成的技术，

图 2.4.4　蚯蚓走泥纹

图 2.4.5　橘皮（棕眼）

天青紫釉瓷器十分珍贵，也一直受到收藏家的厚爱。2001 年美国一场收藏拍卖专场中，一件宋代钧窑天蓝釉紫斑大碗以 100 万美金成交，创下了当时钧窑拍卖价格的新高。吉美博物馆馆藏的这件三足盆，紫色晕散均匀，不留一点儿瑕疵，单就高超的工艺来讲，应当是现今流传最为精美的天青紫釉瓷器。

龙泉窑青瓷印莲花纹大盘

类别：瓷器

时代：元代

现藏地：吉美博物馆

身世揭秘：盘（图 2.4.6）高 6 厘米，口径 47 厘米，体现了元代龙泉窑器形高大、胎体厚重等特点。

大盘通体施青釉，釉层透明温润，釉表具有很强的光泽。盘心和盘的沿壁均有莲花纹，盘底露出少许胎体，盘底的两点亮光为支钉（烧造瓷器的工具）痕迹（图2.4.7）。此盘装饰手法为印花技术，即用刻有装饰纹样的印模，在尚未干透的瓷胎上印出花纹，或者用刻有纹样的模子制坯，使胎上留下花纹。由于龙泉青瓷存世量较大，所以在拍卖市场上整体价格低廉，但精美的龙泉窑瓷器还是

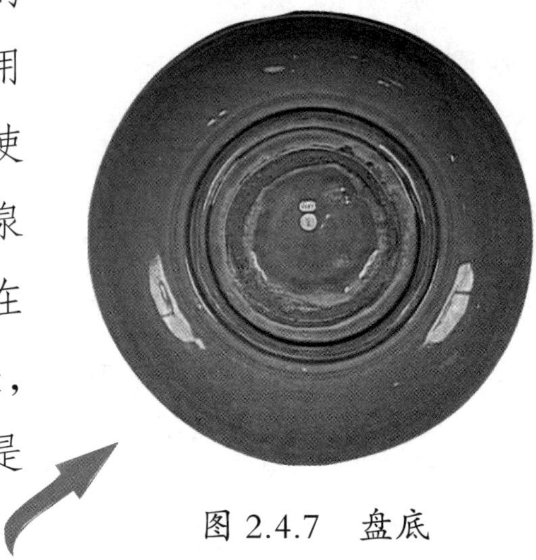

图 2.4.7　盘底

图 2.4.6　龙泉窑青瓷印莲花纹大盘

能拍出高价。如 2006 年 8 月伦敦苏富比秋拍，一件高 23.4 厘米的南宋龙泉窑青釉棒槌瓶拍到 118.4 万英镑；2008 年 3 月纽约佳士得再以 228.1 万美元拍出一件高 28.8 厘米的南宋龙泉窑青瓷双耳瓶。

吉美博物馆所藏的这件元代龙泉窑瓷器，很可能是中国的外销瓷器。据有关文献记载，元代龙泉窑瓷器通过海路外销的国家多达几十个，遍及亚欧非三大洲。龙泉窑瓷器外销的数量非常巨大，1975 年，考古工作者在韩国西南部的新安海底发现的一艘元代沉船里，打捞出 1 万多件瓷器，其中龙泉青瓷就占了 9000 多件，可以想见龙泉窑瓷器在元代对外贸易中的重要地位。法国获取龙泉窑瓷器，应该不是难事。

青花刘海戏金蟾图花觚（gū）

类别：瓷器

时代：清代康熙年间

现藏地：吉美博物馆

身世揭秘：觚身高 43.7 厘米，有很长的颈部和鼓起的腹部。觚口直径 21 厘米，呈喇叭口形状。器物的内部和外部都是白釉，在颈部和腹部绘制有四幅青花图案：颈部是两幅对称的长方形图案（图 2.4.8），腹部是两幅对称的椭圆形图案（图 2.4.9）。四幅图案表现的是同一个场景：一个男子赤脚站立，手垂长线，

图 2.4.8　颈部图案

图 2.4.9　腹部图案

线穿钱而过，落入金蟾口中。男子宽额丰颊，开怀畅笑，人物重心前倾，洋溢着愉悦的喜感，男子的神采和金蟾的木讷都被刻画得淋漓尽致。画中的男子就是中国民间家喻户晓的人物——刘海，场景描绘的是民间传说“刘海戏金蟾”的故事。相传，金蟾是一只三足的蛤蟆，象征着滚滚不断的财源和幸福美好的生活，是旺财之物。因此，刘海戏金蟾图案常常被瓷器的制作者绘制在瓶、罐和觚之类的日常用具上，用来表达幸福美好、财源广进的意愿。

密

松鹿尊

类别：瓷器

时代：清代乾隆年间

现藏地：吉美博物馆

身世揭秘：这件尊（图 2.4.10）的腹部和一对龙形耳相连。腹部（图 2.4.11）画有许多只梅花鹿在山上的松树下玩耍嬉戏。山林与石头的层次画得很清晰，群鹿的描绘也是毫发入微，动静结合，生动传神。“松鹿”有吉祥富贵的寓意：“鹿”与“禄”谐音。禄，就

图 2.4.10 松鹿尊

图 2.4.11 松鹿图

是俸给和俸禄，寓意高官厚禄。“禄”的本义是“福”，所以“鹿”又有“福”的寓意。尊上的梅花鹿还可能和古代科举有关。

根据记载，在浙江绍兴，清代每次乡试发榜时，官府都把录取名单写成“梅花榜”的形式——每一榜50名，第1名提高并大写，第2名排在右下方，其余的人名按照顺时针的方向写下去。写到第50名时，刚好排在第1名的左下方，这就构成了一幅由人名组成的圆形梅花图案。“松”也有象征意义：“松”和“柏”都是古树，“树”和“书”谐音，说明松树包含“古书”的寓意。“松鹿”语意双关，颇具象征意义：倘若真诚地拜伏在古树下，就有希望登上“梅花榜”，获取高官厚禄了。“松鹿”图案既是美好的图画，也是一种无字的劝勉，意蕴都在画面之外。把“鹿”和“松”“柏”画在一起，是清代最为流行的图案。在古代读书人家里的墙壁上或者案几上，摆放这样的器物，有含蓄的祝福意味。

密

粉彩百花纹罐

类别：瓷器

时代：清代乾隆年间

现藏地：吉美博物馆

身世揭秘：这件乾隆时期烧造的粉彩罐（图 2.4.12）高 48 厘米，腹径 36 厘米，底径 25.8 厘米。瓷体致密，莹润光泽。外部装饰有牡丹、菊花、茶花、月季花、荷花、百合花、牵牛花等多种花卉，花枝优美，生机盎然，充满着生命的活

图 2.4.12　粉彩百花纹罐

力，令人爱不释手。花纹构图严谨，花纹之间有虚实和疏密的对比，犹如万花堆聚，五彩缤纷。繁缛的百花纹饰，又有“万花纹”“万花堆”和“满花纹”等名称，寓意“百花呈瑞”。“百花呈瑞”还暗含硕果累累、未来美好和繁荣昌盛的寓意。由于百花绘制得很繁密，见不到瓷器的底色，所以被称作“百花不露地”。这种工艺，对匠人的绘画水平有着极高的要求。其实，百花纹也有特例，南京博物院藏有的一件乾隆时期的百花纹碗（图 2.4.13）就露出了底色——黄色。

图 2.4.13　黄地粉彩百花纹碗
南京博物院馆藏

百花纹样始见于清代乾隆时期的粉彩瓷器，嘉庆以后继续流行。它既是乾隆时期绮丽和奢靡风尚的反映，也是这一时期国力强盛、百姓安居乐业的写照。

第三章

大都会艺术博物馆里的中国技艺

这套西周时期的青铜器共14件，都是酒器，有饮酒器、调酒器、温酒器……可见我国的酒文化源远流长。

国宝传奇

1755年，准噶尔和回部的叛乱被清政府彻底平定。为了庆祝这场胜利，乾隆皇帝把参与平乱的100位功臣按照功劳大小依次画像，存放在紫禁城中的紫光阁（今天的中南海）里。此后，乾隆皇帝又把取得“平定大小金川”“平定台湾”和“平定廓尔喀”等战绩的功臣也一一画了像。加上平定准噶尔和回部叛乱的

100 位功臣，紫光阁共存放了 280 位功臣的画像，记录着乾隆皇帝——这位“十全老人”的赫赫功绩。

1900 年，八国联军进入紫禁城，功臣画像从此下落不明。直到香港苏富比 2007 年秋圆明园拍卖专场，从德国“倒流”回国内的一幅画像——《平定西域紫光阁五十功臣像——头等侍卫固勇巴图鲁伊萨穆》（图 3.1.1），

图 3.1.1　头等侍卫固勇巴图鲁伊萨穆画像

以 1500 万港币成交，才使人们的注意力又回到了这些重现的功臣画像上。这幅画作在国外漂流了 100 多年，依然完好无损，实在是弥足珍贵。

紫光阁功臣画像有三种：横幅、油画和立轴。横幅可能是稿本，目前发现的都是连续的手卷，在拍卖市场上经常看到，由于缺少相关资料，具体数目无法

统计。油画本，德国收藏最多。立轴本很少，截至目前仅见到不足 30 幅，其分布情况是：加拿大多伦多皇家安大略博物馆收藏 2 幅，德国柏林亚洲艺术博物馆收藏 3 幅，德国汉堡民族学博物馆收藏 2 幅，德国科隆东亚艺术博物馆收藏 1 幅，美国纽约大都会艺术博物馆收藏 1 幅，捷克兹布拉斯拉夫城堡收藏 1 幅，中国天津博物馆收藏 2 幅，美国私人收藏 3 幅，中国香港私人收藏 2 幅，等等。

天津博物馆收藏的两幅功臣画像，一幅是领队大臣成都副都统奉恩将军舒景安画像（图 3.1.2），第二次平定金川的 2 号功臣；另一幅是散秩大臣喀喇巴图鲁阿玉锡画像（图 3.1.3），第一次平定西域的 33 号功臣。

图 3.1.2　领队大臣成都副都统奉恩将军舒景安画像

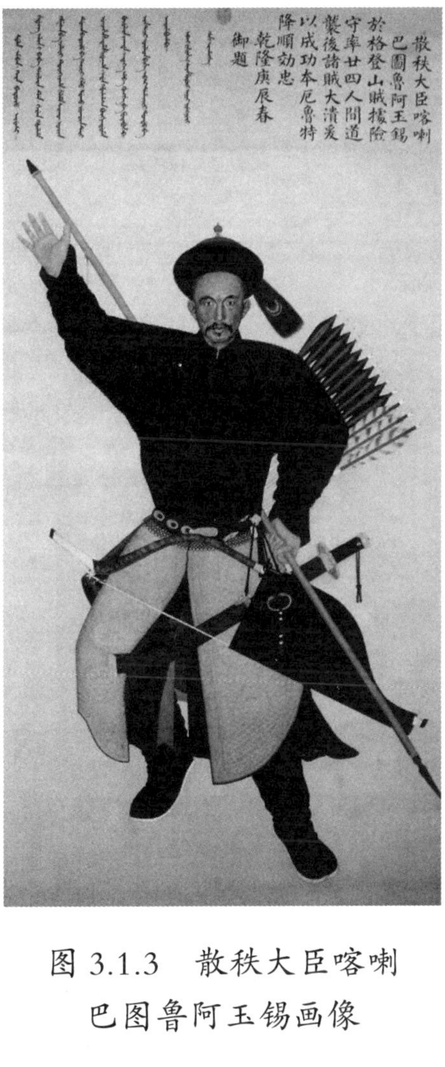

图 3.1.3　散秩大臣喀喇巴图鲁阿玉锡画像

在私人收藏的功臣画像中，以美国黄女士手中的大学士一等忠勇公傅恒画像（图 3.1.4）最为传神。

在美国大都会艺术博物馆，我们有幸见到了馆藏的立轴功臣画像（图 3.1.5）。这幅画像画的是头等侍

图 3.1.4　大学士一等忠勇公傅恒画像

图 3.1.5　头等侍卫呼尔查巴图鲁占音保画像

卫呼尔查巴图鲁占音保，第二次平定西域的第46号功臣。画上的占音保很瘦，但腰身很长，身穿大领子的蓝布袍，腰左挎战刀，左臂持弓，背挎箭筒，脚蹬靴，头戴有翎子的官帽，衣着极为简单朴素。不着铠甲，却更加显示出勇士的威风。最具神采的是勇士的面部，瘦长的脸上不乏起伏和皱纹，双唇紧闭，肌肉紧绷，一副严肃的神情，这是久经战阵而历练出来的审慎、沉稳和自信。画作的上部注有乾隆皇帝题写的满文和汉文评语："头等侍卫呼尔查巴图鲁占音保，赤手长鲸，阵俘卫诺，贼级累累，注之一槊，捧檄辟展，达巴里坤，马不刷鬣，还报军门。"评语用简短的话对勇士的赫赫战绩做出了评价。勇士的肖像一旦悬挂于朝堂之上，其美誉就可以永世长存。和这幅画像一样，功臣画像是中国绘画风骨和西洋画技相结合的完美体现，是中西合璧的产物，在中国绘画的发展史上具有里程碑式的意义。

大都会艺术博物馆里的每一件展品都是艺术珍品，尤其是来自中国的艺术作品。让我们一起去探寻其中的艺术价值吧！

博物馆探秘

博物馆的创建

大都会艺术博物馆的创建，源于美国律师约翰·杰依的建议。1866 年 7 月 4 日，杰依和几位美国人在巴黎的一家餐馆里聚会，欢度国庆。当时美国还没有一座国家博物馆，杰依提议创建一个国家级的艺术机构，他的建议立刻得到了各方的积极响应。于是，他们成立了一个筹备小组，花了四年时间进行游说，募集到了资金，最终实现了设想。1870 年，大都会艺术博物馆在纽约第五大道 681 号原多德沃思舞蹈学校旧址上建成，对外开放。1880 年，大都会艺术博物馆转移到了现在的地址——中央公园第五大道。

经过多次扩建之后的博物馆大楼，集聚了欧洲各个时期不同的建筑风格。1981 年春，由中美合建的阿斯特庭院在大楼的东翼落成，它仿照了中国苏州古典园林网师园中殿春簃（yí）和后院的建筑模式，庭院

大都会艺术博物馆外景

的殿堂——“明轩”陈列着中国明代的家具。从此，大都会艺术博物馆有了中国建筑的元素。

明轩

这里是艺术瑰宝的浩瀚海洋

2012年，大都会艺术博物馆决定重新翻修广场，改造后的广场加入了很多科技元素，布局更加人性化。

大都会艺术博物馆雕塑展厅

现在的大都会艺术博物馆有三层，总面积达13万平方米，分为17个陈列室和展室：服装、希腊罗马艺术、埃及艺术、武器盔甲、欧洲雕塑及装饰艺术、美国艺术、R.莱曼收藏品、古代近东艺术、中世纪艺术、亚洲艺术、伊斯兰艺术、非洲大洋洲和美洲艺术、版画和素描、照片、现代和当代艺术、欧洲绘画和乐器。来自世界各地的300多万件艺术珍品，把这里变成了艺术瑰宝的浩瀚海洋。如此多的藏品，来源于大都会艺术博物馆几个专业部门的辛勤劳动，他们为征集、保管和展览藏品做出了重要的贡献。许多部门因为藏品太多，展厅有限，只能采取轮流展出的方式。博物馆收藏的许多文物都来自捐赠，因此许多展厅或展室都以捐赠者的名字命名，用来纪念他们。

琳琅满目

喝酒也可以很复杂——铜禁器群

令人头晕的分类——

这套西周时期的青铜器共 14 件（图 3.3.1），由铜禁和 13 件酒器组成，其中卣（yǒu）2 件，尊 1 件，觯（zhì）4 件，斝（jiǎ）、盉（hé）、觚（gū）、爵、角、勺各 1 件。它们都出自陕西省宝鸡市。

这些青铜器都和我国古代的酒文化有关，都是酒器。中间的长方形台座叫作铜禁，前后各有八个长方形孔，两端各有四个长方形孔。这些孔的间隔处与边

框之间装饰有瘦长的龙纹，呈尖角形。禁的台面十分平整，有三孔，可以置放二卣一尊。禁上两件带提手的青铜器就是卣，两件形状非常相近，通体两侧均有较宽的棱，盖的两侧为耸角状，腹部装饰有凤纹和直条纹。有底座的卣高 47 厘米，没有底座的卣高 46.4 厘米。

图 3.3.1　铜禁器群　大都会艺术博物馆馆藏

居中的是尊，高 34.8 厘米，侈（chǐ）口，直腹，圈足，四面也有棱角，器物通体装饰着兽面纹。尊的左右，是两件小瓶形状的觯。禁左边的那件有把手和长嘴的青铜器，名叫盉。盉左边的青铜器叫作角，右边还是觯。与角相似的三足青铜器是爵，爵的右边是用来舀酒的铜勺。禁右边有一件较大的青铜器——斝，斝的旁边是觯和喇叭口状的觚。卣、尊属于盛酒器，觯、爵、角、觚是饮酒器，盉是调酒器，而斝是温酒器。禁前面的那件勺子是在卣中发现的。这么多的器具都是喝酒用的，古人喝酒的规矩可真多呀！这些青铜器有一个共同的特征，就是繁缛的纹饰，吸引着外国的观众不断发出惊叹。

它是这样走出国门的——

这套青铜器出土于陕西省宝鸡市。1901 年，宝鸡戴家湾的乡民发掘了一座古墓，出土了 20 多件青铜器，这套青铜器就在其中。随后，时任陕西总督的端方（图 3.3.2）收藏了这套青铜器。他一生嗜好金石书画，大力收集青铜器、石刻、玺印等文物，并在 1908 年编撰了《陶斋吉金录》（图 3.3.3），收录了自商周至

图 3.3.2　端方

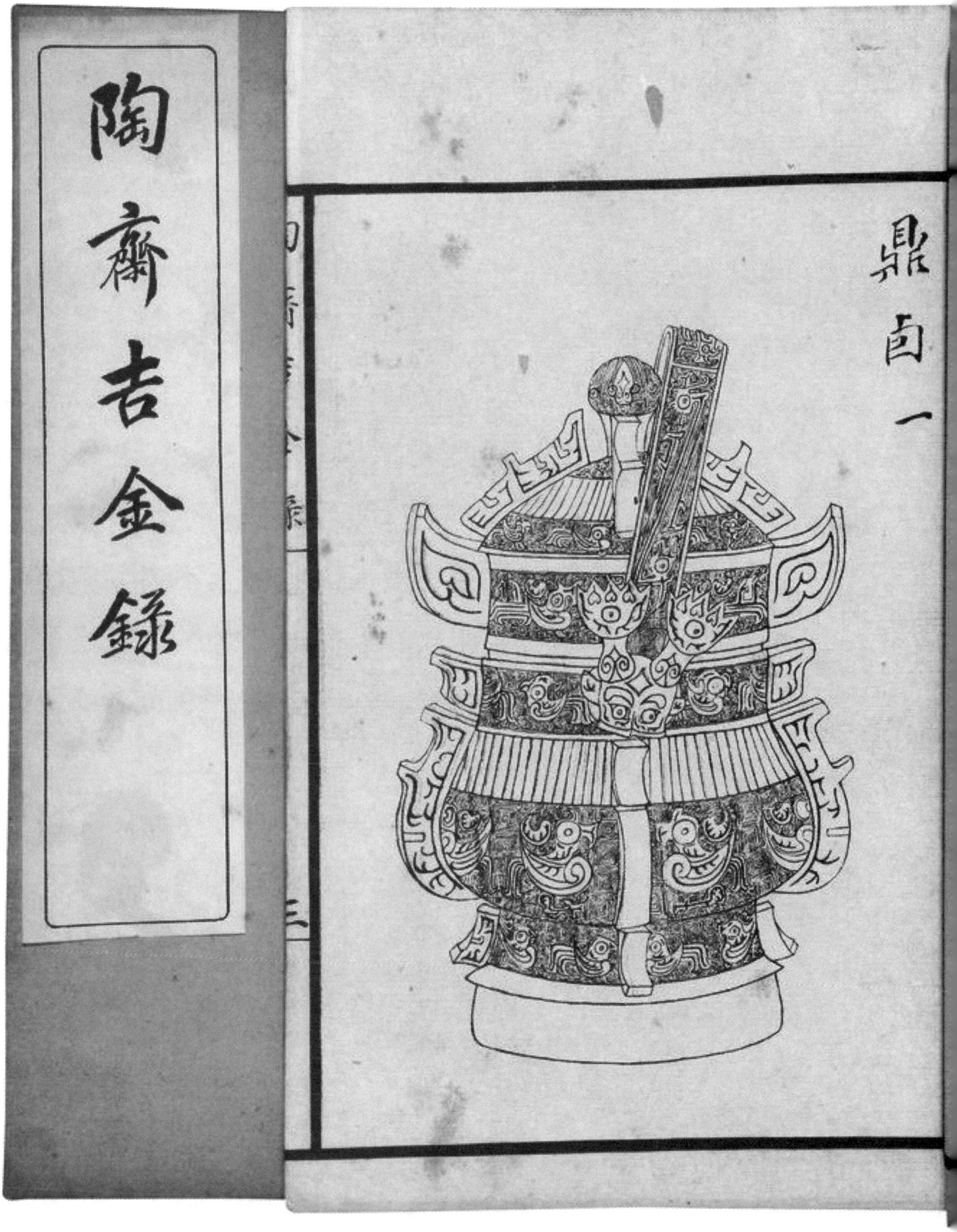

图 3.3.3 《陶斋吉金录》

隋唐的青铜礼器、兵器、权量和造像等。这套青铜器被安排在书的最前面，附有长达十几页的详细介绍。盛放酒器的方座被端方首次命名为“柉（fán）禁”。遗憾的是，1924年春，端方的后代迫于生活压力，以20万两白银的价格把它们卖给了美国传教士福开森，福开森又以30万美元的价格转卖给了大都会艺术博物馆。

“禁”其实就是“禁酒”的意思。历史上的商代人嗜酒成风，嗜酒也是亡国的原因之一。周武王灭商以后，总结前朝的教训，坚决禁止酗酒。酒要饮，又不能失度，所以，就把这种盛放酒器的案形器叫作“禁”，以示警戒。截至目前，出土的禁不超过10件，而且多是单件。禁上盛放的到底是什么酒器，除了这套铜禁和天津博物馆馆藏的一件（图3.3.4）之外，已无从查考。

图3.3.4　铜禁　天津博物馆馆藏

又有了新朋友——

大都会艺术博物馆曾经是世界上唯一拥有一套完整的中国铜禁器群的博物馆。2012 年，中国考古工作者在陕西宝鸡石鼓山墓地的一次发掘，把这个“唯一”打破了。在一座西周早期的贵族墓中，出土了一组柉禁酒器：方彝（yí）、卣、禁、斗、罍（léi）、壶和爵，自西向东依次排列（图 3.3.5）。这也是继 1901 年、1928 年以来，第三次出土西周青铜柉禁。铜禁的再次出土，改写了国内无柉禁器组的历史。

图 3.3.5　石鼓山贵族墓葬出土的青铜器

被迫分离的“夫妻”——《皇帝礼佛图》

聚散两依依——

在大都会艺术博物馆馆藏的中国早期佛教艺术作品中，不能不提到中国北魏时期的石浮雕《皇帝礼佛图》（图 3.3.6）。居于中心位置的皇帝是北魏孝文帝，他头戴冕旒（miǎn liú，天子的礼帽和礼帽前后的玉串），身穿衮（gǔn）服，气宇轩昂。皇室成员（图 3.3.7），御林军和手持伞盖、羽葆、长剑、香盒的近侍宫女簇拥着他，缓缓地走在去往佛寺的路上。作品单薄平浅，没有圆润的光影，却以线条的艺术成就取胜：人与人之间、人物个体的曲折起伏都用线条勾勒，特别是衣纹的处理，舒展流畅且疏密有致，很有汉代画像“以

图 3.3.6 《皇帝礼佛图》 大都会艺术博物馆馆藏

图 3.3.7 《皇帝礼佛图》中的王公大臣形象

线求形”的神韵，表现出中华民族文化与外来佛教艺术的完美融合。从图中人物的衣冠发式、伞盖和羽扇等仪仗看，虽然北魏是少数民族政权，但孝文帝推行汉化的政策已经取得了显著的成果。所以无论从艺术史的角度，还是从历史价值来看，《皇帝礼佛图》都是

当之无愧的瑰宝。

看到《皇帝礼佛图》，就不能不提到它在美国纳尔逊艺术博物馆的“夫人”——《皇后礼佛图》（图 3.3.8），它同样是瑰宝。图中刻画的是孝文帝的文昭皇后莲冠霞帔，一手拈香，后随两个戴莲冠的贵妇，在众宫女的前导、簇拥下迎风徐行。

图 3.3.8 《皇后礼佛图》（局部）
纳尔逊艺术博物馆馆藏

《皇帝礼佛图》和《皇后礼佛图》是龙门石窟雕像群的中心和精华。现在它们分散在异域的两个地方，这是文物贩子导演的一场惨案。

被偷盗、贩卖出国的命运——

我们把时光倒回到1965年，时任龙门文物保管所副所长的马玉清邀请了石匠王光喜、王水、王惠成，向他们了解当时文物贩子盗凿“帝后礼佛图”的情况。他们是被胁迫的当事人，所以对当时的情况记忆犹新，并协助工作人员找到了当年盗凿时留下的残痕（图3.3.9）。大概是在1930年到1935年间，当时的保长王梦林等人勾结洛阳古玩商马龙图，以欺骗与强制的手段，迫使石匠半夜摸进龙门石窟盗掘文物。为了不惊动附近

图3.3.9 《皇帝礼佛图》被盗凿后的残痕

的居民，盗贼们采用深夜盗凿的方法，由石匠们用锤子、凿子把浮雕一块块凿下来，装进担子里，天亮前挑走。一旦发现附近有人经过，把风的人就用暗号通知石工暂停敲打。实际上，北京琉璃厂的古玩商岳彬（图 3.3.10）才是这一事件的幕后黑手。1934 年，岳彬结识了美国人普爱伦，签订了“帝后礼佛图”的盗卖合同。马龙图只不过是岳彬的帮凶。马龙图将“帝后礼佛图”运进了岳彬的家中，国宝就此流落海外。

图 3.3.10　岳彬照片

流落在海外的《皇帝礼佛图》和《皇后礼佛图》都是不完整的，其真实面积只有原作的七八成。1953年，中国政府在清查青岛和上海两个海关时，意外发现了部分“帝后礼佛图”的碎片，这都是岳彬当年拼装时留下的。在青岛海关发现的“帝后礼佛图”碎片，通过故宫博物院转交回龙门石窟。岳彬盗卖龙门石刻的事情也由此浮出水面，文化界300多人联名写信，要求审判岳彬。1954年4月22日上午，岳彬以倒卖文物罪被判处死刑，缓期两年执行，最后病死在狱中。有人说，岳彬是被判处死刑后饮弹身亡了。不管怎样，岳彬得到了应有的惩罚。

命运多舛的礼佛人——辽三彩罗汉像

它是这个样子的——

在大都会艺术博物馆展出的陶器中，最吸引人们眼球的莫过于馆藏的辽代三彩罗汉像（图3.3.11）了。

图 3.3.11　罗汉像之一
大都会艺术博物馆馆藏

它高 104.8 厘米，大小和真人相仿。罗汉呈跏趺（jiā fū，佛教徒一种盘腿而坐的坐法）坐，右手横至胸前，手指带住前襟，左手持经卷搁在腿上，身穿袈裟，袒露内衣，衣褶翻转折叠自然流畅。他脸部表情持重，两眉微蹙，双目外角下垂，额、腮部有皱纹，表现了中年僧人睿智深沉的形象。釉色以黄、绿、蓝为主，将肤色和不同的衣服色彩表现得淋漓尽致，古朴而又沉静，可以和唐三彩中的佳作相媲美，以至于有人把它当作了唐三彩。

这座罗汉像来自中国河北省易县的八佛洼山岩洞。根据相关文献记载，八佛洼山岩洞共有 16 尊辽三彩罗汉像。它们是我国已知最早的十六罗汉群塑，忠实地反映了北宋初年宋、辽边境佛教雕塑的风格和技艺。每一尊罗汉的表情都生动传神，它们或蹙眉，或沉思，或远眺，仿佛一个个活生生的罗汉在参悟佛法，极尽写实之美。我国著名的建筑学家梁思成在《中国雕塑史》一书中描述道："其貌皆似真容，其衣褶亦甚写实。"梁思成先生认为，它们可以与罗马造像相媲美，意大利文艺复兴时期最精美的雕塑作品也不过如此。

漂泊异乡——

然而这些精美的宗教艺术品在我国已无留存。在遭到盗掠和流失海外的过程中，它们或者被丢弃，或者毁于战火，到现在 16 尊仅存 10 尊。美国有 6 尊，

除了大都会艺术博物馆的2尊（图3.3.11—图3.3.12）外，还有波士顿美术博物馆、克利夫兰艺术博物馆、纳尔逊艺术博物馆（图3.3.13）和宾夕法尼亚大学博物馆（图3.3.14）各存有1尊。美国之外的4尊为加拿大皇家安大略博物馆、大英博物馆、吉美博物馆（图3.3.15）以及日本私人收藏家松方幸次郎手中各1尊。据说日本的那尊罗汉像，经过鉴定是明代的作品。吉美博物馆的那尊罗汉像是近几年由民间捐赠的。然而从吉美博物馆发布的照片来看，它似乎是一件刻意模仿易县罗汉的复制品。

图3.3.12　罗汉像之二
大都会艺术博物馆馆藏

图3.3.13　罗汉像
纳尔逊艺术博物馆馆藏

图 3.3.14　罗汉像
宾夕法尼亚大学博物馆馆藏

图 3.3.15　罗汉像
吉美博物馆馆藏

和许多文物一样，这些罗汉像也是通过盗掠和走私流入外国的。1912 年，在八佛洼山岩洞中安享了几百年香火的罗汉像遭到了持续的偷窃和哄抢。村民在晚上盗运造像下山的时候，至少有 3 尊罗汉像被打破。接着德国、法国和日本的古董商人闻风而动，周旋于山民、商人和僧人之间，讨价还价。利欲熏心的官府也加入了进来，据德国汉学家贝尔契斯基回忆，当地县衙曾保存有两尊。地方官虚与委蛇，一边声称要将罗汉安置到某一庙宇里供奉，一边巧妙地暗示贝氏，造像正在待价而沽。其中完整的一尊后来辗转入藏大都会艺术博物馆，另一尊罗汉像的碎片其后却不知所终……

国宝档案

干漆夹苎（zhù）坐佛像

类别：漆器

时代：唐代

现藏地：大都会艺术博物馆

身世揭秘： 这座佛像（图 3.4.1）是大都会艺术博物馆的镇馆之宝。大佛盘坐，手臂有残缺，佛像的内

图 3.4.1　干漆夹苎坐佛像

部是空心的，通体彩色，纹饰简练，造型生动。它的制作过程为：先用黏土制坯，外面用苎麻布粘裹，反复3次涂刷含有树液、牛角、贝母、骨粉和陶瓷等多种原料的生漆。等生漆彻底干燥后，去掉泥胎，再将漆片复原。这就是著名的干漆夹苎法——一种为各种制品外表装饰和保护的技术，出现于魏晋南北朝时期的台州。其制作过程由48道工序组成，从型模、上灰、夹苎、披灰再到上漆、砂光、上朱、磨光、贴金，采用了苎麻、生漆、古瓦粉、火山灰、桐油、朱砂和五彩石等天然材料。其整个制作过程全由手工操作，而且在取材和用料上十分讲究，所以制成的作品具有经久不蛀、光泽润亮、不开裂、不变形的特点。唐代使用干漆夹苎法制作出来的佛像传世不多，除了大都会艺术博物馆的这件以外，最著名的莫过于鉴真干漆夹苎造像（图 3.4.2）了，它现在保存在日本奈良市的唐招提寺内。

图 3.4.2　鉴真干漆夹苎造像

密

康熙玉如意

类别：玉器

时代：清代康熙年间

流失时间：1860 年

原属地：圆明园

现藏地：大都会艺术博物馆

身世揭秘：这件玉如意（图 3.4.3）有半米左右的长柄，头部为钩子的形状。长柄有弯曲的部分，钩头

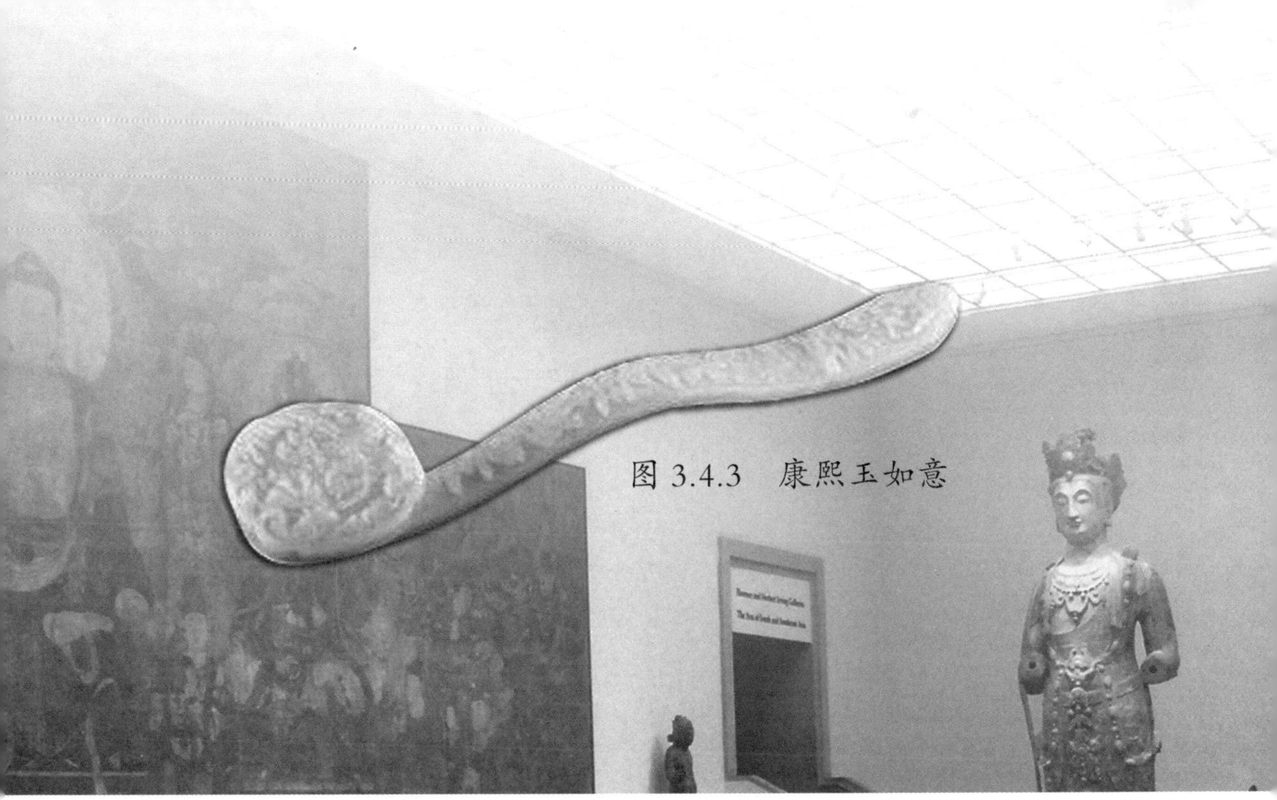

图 3.4.3　康熙玉如意

是灵芝造型。整件玉器呈现弯曲回头的状态，有“回头即如意”的吉祥寓意。它是用一块名贵的白玉雕刻而成的，晶莹剔透，具有较强的玻璃光泽。整体颜色是白中透绿，雕刻呈现出多孔和真菌的形状。手柄的顶部有“御制”两个大字，手柄下部的文字是“敬愿屡丰年，天下咸如意。臣吴敬恭进”，说明这件器物是由一位名叫吴敬的大臣进献给康熙皇帝的，不仅表达了他对天下太平、五谷丰登的祈愿，也委婉地颂扬了康熙皇帝的功劳和美德。“玉”比喻美德，“如意”有吉祥的寓意，因此玉如意成为中国吉祥文化中最具代表性的物品。同时，它也是清代皇帝赏赐外国使臣的高级礼物，乾隆皇帝曾一次赏赐给英国使者马嘎尔尼

十几件玉如意。

清代的玉如意不仅在数量上惊人，而且在造型、材质、工艺及纹饰上都极为考究。它们不仅在中国各地的博物馆中广为收藏（图 3.4.4—图 3.4.5），而且在历次拍卖会上的价格也十分惊人，动辄以百万论身价。不要说御用如意，就连普通如意，钩头呈灵芝形状，上刻图案呈心形或云形，带长把的，按玉料成色划分，价格也均在十万到百万元之间。

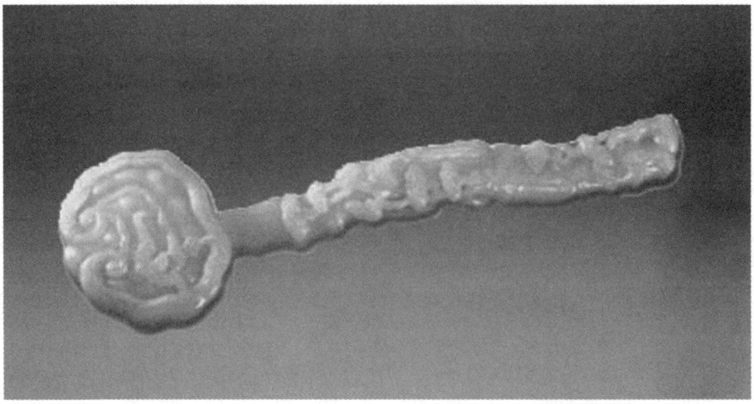

图 3.4.4　灵芝式玉如意　南京博物院馆藏

图 3.4.5 青玉天子古稀玉如意 故宫博物院馆藏

密

彩绘石榴婴戏纹罗带

类别：丝织品

时代：辽代

现藏地：大都会艺术博物馆

身世揭秘：这件丝织品（图 3.4.6）略有残损。它的质地是罗——一种轻软的丝绸，图案呈单元分布，每一个单元都由一根树枝上三颗饱满的石榴果实组成，果实中绘有婴孩。石榴多籽，很容易让人联想到“榴开百子，多子多福”的吉祥含义。图案由手工彩绘而成，有着极高的工艺水平。不是所有的丝织品面料都适合彩绘，手工彩绘丝绸要选择平素类（如绢、纺、罗和绉）或暗花类提花织物（如绮、绫等）。因为这些

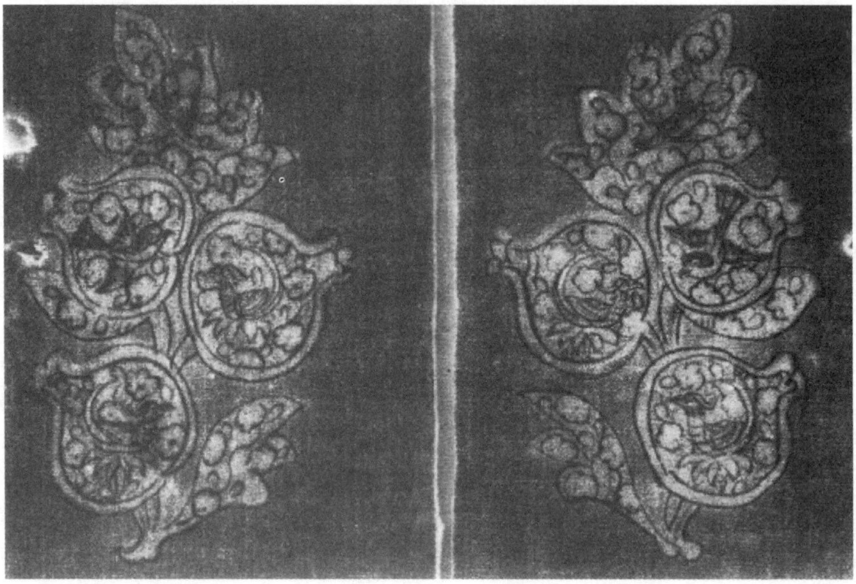

图 3.4.6　彩绘石榴婴戏纹罗带

织物的底色浅，画出的花卉、枝叶、绦带才能明亮柔和，色彩更加自然。

作品所处的时代——辽代，是我国丝绸彩绘最为兴盛的时期。辽代的彩绘丝绸，考古发现的数量最多，技术最完善，图案也最为丰富，辽代的贵族墓葬中通常都有它们的身影。如 1992 年在内蒙古阿鲁科尔沁旗的耶律羽之墓葬中，考古人员发现了许多彩绘的丝绸碎片，图案有紫地描盘绦纹（图 3.4.7）和蔓草仕女（图 3.4.8）等。

图 3.4.7　紫地描盘绦绶带绫

图 3.4.8　四入团花绫地泥金填彩团窠蔓草仕女

《溪岸图》

类别：绘画

时代：五代

原属地：故宫旧藏

现藏地：大都会艺术博物馆

身世揭秘：画作（图 3.4.9）纵 221.5 厘米，横 110 厘米，左下方题有“北苑副使臣董元画”款识。由此可知，此画的作者是五代南唐的画家——董源（一作董元）。此画曾被张大千收藏过，钤有他的印章。事情还要倒回到20世纪30年代，此画被徐悲鸿觅得，不久忍痛割爱，转让给张大千。随身赏玩三十几年后，张大千又把它转让给了海外收藏家王己千。最终，大都会艺术博物馆从王己千手里购得此画。

画作以立幅的形式表现了山野的隐居环境：山谷中，溪水蜿蜒而下，汇成了一个波纹涟漪的溪池。池岸有竹篱茅屋，后院有女仆劳作的身影，篱笆的前面有牧童骑牛，小道上农夫赶路，一亭榭伸入水中，一位隐士凭栏而坐，举目眺望，神态极其悠闲，他的夫人抱着孩子，和女仆在一旁嬉戏，好一派平淡却其乐融融的生活图景（图3.4.10）！屋后的山腰上，有泉水从山上流下，汇集到山脚下一个池塘中。水流及涌波以细线勾画，一丝不苟，在董源的传世作品中很少见。山石是用

图3.4.9 《溪岸图》

图 3.4.10　房屋放大图

淡墨进行勾画的，层层渲染，而每块山石之间却着浓墨。这是唐代画家王维“水墨渲淡”的画法。整座山虽然不高峻，却似大浪涌起，数座山峰一起向左涌动，画法精妙。中国的山水画十分注重山势的脉络，但这样带有强烈动态的山体，并不多见。

密

《药师经变图》

类别：壁画

时代：元代

原属地：山西洪洞县广胜寺

现藏地：大都会艺术博物馆

身世揭秘：“经变”，就是用图画的形式来展现佛经的内容。在佛教世界里，药师佛是东方净琉璃世界的教主，是治疗疾病、解救苦厄的化身。这幅《药师经变图》（图 3.4.11）长 15.2 米，高 7.52 米，画中端

坐着药师佛，12位神将陪伴在他的左右，形象地表现了东方佛教净土的盛况。壁画的线描精巧，色彩繁复，佛像的表情宁静，衣饰线条流畅，继承了唐代画圣吴道子的画法。画师选用

图 3.4.11 《药师经变图》

了当时宫廷中最珍贵的颜料，和以上好的石青、朱红一起掺入石英粉末中，所以壁画虽历经700多年的沧桑，依然鲜艳瑰丽。无论从艺术价值还是工艺价值来看，《药师经变图》都称得上元代寺院壁画的精品。

20世纪30年代，山西省洪洞县的广胜寺（图3.4.12）僧人见寺院破败，便把主殿东壁的这幅壁画以1600块银圆的价格卖给了两个美国人，以筹钱修寺。这幅壁画后来又被转手给美国著名的艺术品收藏家赛克勒。1965年，赛克勒以母亲的名义将它捐献给大都会艺术博物馆。当初他购买时，壁画已成破碎的残片，经过

图 3.4.12　广胜寺外景

修复在大都会艺术博物馆展出。在美国的其他博物馆里，也珍藏着一些广胜寺的壁画，如元代的《炽盛光经变图》（图3.4.13），收藏在纳尔逊艺术博物馆；明代的《药师经变图》和《炽盛光经变图》，收藏在宾夕法尼亚大学博物馆。这三幅壁画都是通过古董商卢芹斋卖出的。

图3.4.13 《炽盛光经变图》（局部）
纳尔逊艺术博物馆馆藏

密

康熙豇（jiāng）豆红

类别：瓷器

时代：清代康熙年间

原属地：景德镇官窑

现藏地：大都会艺术博物馆

身世揭秘：豇豆红是一种红釉瓷器，清代康熙年间烧造成功。大都会艺术博物馆馆藏集中了菊瓣瓶、莱菔（lái fú，萝卜）瓶、柳叶瓶、太白尊、镗锣（táng

luó）洗、印色盒等多种器型（图 3.4.14—图 3.4.15）。这些瓷器虽然形体矮小，但是每件都色泽红润，匀净细腻，有些器物的釉色中还散缀有天然的绿色苔点，

图 3.4.14　康熙豇豆红（一）
（左起：莱菔瓶、菊瓣瓶、柳叶瓶）

图 3.4.15　康熙豇豆红（二）
（左起：泥印盒、太白尊、泥印盒、镗锣洗、太白尊）

堪称豇豆红瓷器的上乘之作。豇豆红造型轻灵秀美，色调淡雅宜人，不均匀的粉红色犹如红豇豆一般。因为它们的颜色浅红娇艳，像小孩儿的脸蛋，像三月的桃花，所以被人们称为“娃娃脸”“桃花片”和“美人醉”。豇豆红釉所具有的柔和色调，是由于釉中铜胶体的分布错综复杂而形成的，烧成时倘若氧化焰超过需要量，就会出现绿斑。这种技术很难掌握，所以康熙豇豆红传世数量稀少，而且没有大件器物。

康熙豇豆红的烧造工艺精湛，不仅被各大博物馆争相收藏，而且深受私人收藏者的喜爱，拍卖价格屡创新高。1994 年的香港佳士得拍卖会上，一件清康熙豇豆红太白尊的成交价高达人民币 60.42 万元；1996 年香港佳士得秋拍静观堂藏品中，一套 8 件的豇豆红文房用品，估价450万到550万港元，最后的成交价格是717万港元，成为当时瓷器拍卖中的一个亮点。让人震惊的是，大都会艺术博物馆拥有100余件豇豆红瓷器，相当于中国各个博物馆收藏的豇豆红瓷器的总和。

第四章

东京国立博物馆里的唐宋印象

东京国立博物馆中的唐三彩贴花龙耳瓶可以说是文化交流的“混血儿”，它身上的图案突出表现了古代伊朗的异国情调，成为中国与西亚文化交流的见证。

国宝传奇

1923 年 9 月 1 日，日本的横滨和东京发生了里氏 7.9 级的地震，史称“关东大地震”。地震引发了大火，东京有 85% 的房屋被毁坏，银行大亨菊池晋二的家也未能幸免。这位老人平时最喜爱收藏书画，尤其是中国的书画。就在房屋着火的一刹那，他冲了进去，奋力抢出了三件书画，而其余的在大火中都化为灰烬了。三件书画之中，就有两件中国宋代的书画：一件是号称“天下第三行书”的《寒食帖》(苏轼的书法作品，现藏于台北“故宫博物院”)，另一件是宋代书画《潇湘卧游图卷》(图 4.1.1)。

图 4.1.1 《潇湘卧游图卷》(局部)

这已经是《潇湘卧游图卷》经历的第二次劫难了。第一次劫难是在东渡扶桑的时候。当时，画卷一直珍藏在清宫里。清末民初，日本人原田悟朗开始从事中国文物的买卖，曾经进入紫禁城参观过宫里的收藏，结识了陈宝琛、郭葆昌等多位清代的高官和古董商。通过原田悟朗，许多中国宝物转卖给了日本的收藏家，原田悟朗有一次购入了《寒食帖》和《潇湘卧游图卷》两件珍品。他乘船回日本的时候，把两幅画用油纸层层包裹，做好了旅途中一旦遭遇海难，带着画卷跳海求生的准备。回到日本后，原田悟朗便把《寒食帖》和《潇湘卧游图卷》卖给了菊池晋二。几经辗转，《潇湘卧游图卷》最后入藏东京国立博物馆，并在那里得到了很好的保护。

《潇湘卧游图卷》的作者是南宋一位姓李的画家，画作可以和顾恺之的《女史箴图》相媲美。不过，也

有人认为它是北宋画家李公麟的作品。此画是乾隆皇帝收藏的四大名卷之一。画卷的最左端原来卷入了画轴中，是看不到的。修复人员后来发现，卷起来的部分竟然是在乾隆皇帝之前的收藏者的落款。乾隆皇帝可能不愿意让后人知道这幅画还有别的收藏者，故意将其卷起。画面最显眼的地方，都是乾隆的朱红大印（图 4.1.2）、题字（图 4.1.3）和题跋（图 4.1.4）等内容，其用心令人莞尔。

A　　　　B　　　　C

A 太上皇帝之宝　B 八徵耄念之宝　C 三希堂精鉴玺

图 4.1.2　乾隆行款

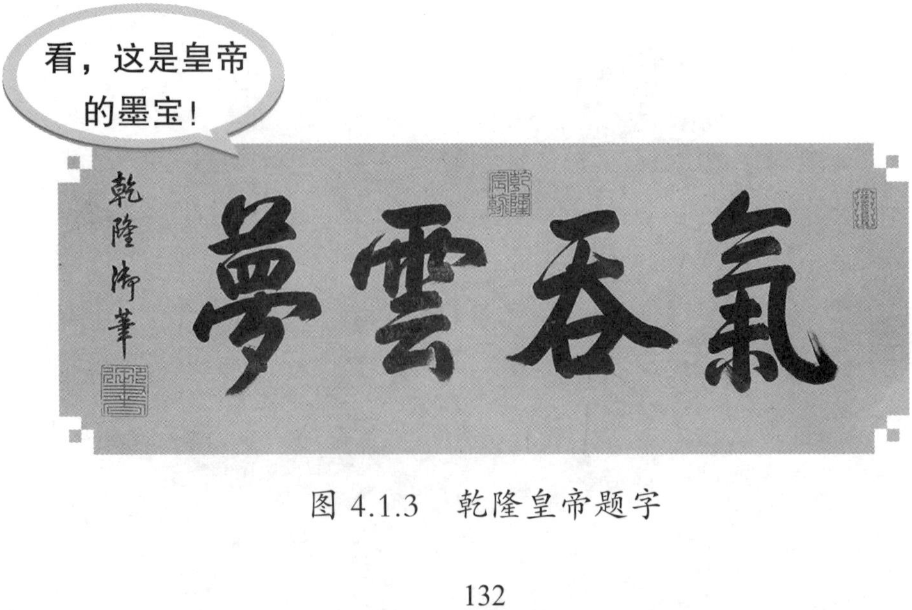

图 4.1.3　乾隆皇帝题字

图 4.1.4　乾隆皇帝题跋

此画与南宋时期佛教临济宗的云谷禅师有关。相传禅师云游四海之后，隐居在浙江吴兴的一座名叫金斗的山中。他很遗憾地想到自己尚未游览过潇湘山水，于是请了一位姓李的画家替他绘出潇湘山水的美景。画成之后，禅师把它挂在了房中，这样足不出户就可以欣赏到美景。与云谷禅师同时代的文人章深（号蒙斋居士）在画卷之后写有题跋（图 4.1.5），说出了这幅画的创作缘起。

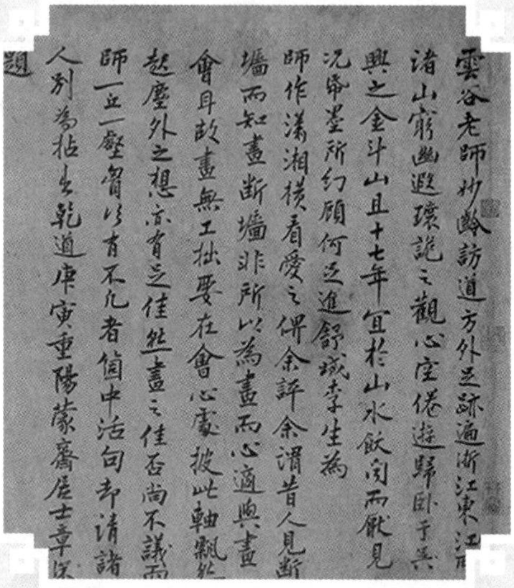
雲谷老師妙齡訪道方外足跡遍浙江東西
諸山窮幽遐瓌詭之觀心空佛遊歸卧于吳
興之金斗山且十七年宜於山水飫聞而厭見
況命墨所幻胴何足道舒城李生為
師作瀟湘横看愛之俾余評余謂昔人見斷
牆而知畫斷牆非所以為畫而心適與畫
會耳故畫無工拙要在會心處披此軸飄然
起塵外之想亦首之佳然畫之佳否尚不議而
師一丘一壑皆以有不凡者個中活句却請諸
人別為拈出乾道庚寅重陽蒙齋居士章深
題

图 4.1.5　蒙斋居士章深跋

画卷运用浓墨和淡墨成功地表现了微妙的明暗变化，是作者高超画技的集中体现（图 4.1.6）。东京国立博物馆的中国书法史专家富田淳在接受《世界新闻报·鉴赏中国》周刊记者的采访时说，他们在清洁画卷的时候，发现画卷前方的空白处隐隐约约地浮现出淡墨描绘的芦苇，手法细腻精致，着实让修复人员惊喜万分。《潇湘卧游图卷》一直被书画界称作“南宋山水画第一神来之作”，看来所言非虚。

图 4.1.6 《潇湘卧游图卷》中的墨色

日本人极为推崇中国唐宋时代的艺术品，通过几百年的积累，以东京国立博物馆为代表的日本博物馆中保存着中国唐宋时代的大量艺术作品，其中有些藏品类型在中国是看不到的。现在，我们就在东京国立博物馆里感受一下唐宋印象吧。

博物馆探秘

东京国立博物馆是日本最大的博物馆，位于东京台东区上野公园北端，创建于明治五年（1872 年），原来是东京汤岛圣堂的文部省博物馆，1889 年改称“帝室博

东京国立博物馆

物馆”，1900年再次改名为“东京帝室博物馆”，1947年博物馆的主管单位由宫内省改成了文部省，1952年正式定名为东京国立博物馆，隶属文部省文化厅。

1938年，东京国立博物馆确定了现在的建筑和展览格局。整个建筑群由一幢日本民族式双层楼房和左侧的东洋馆、右侧的表庆馆以及大门旁的法隆寺宝物馆构成，共有43个展厅，收藏了十几万件历史文物和美术珍品，涵盖了雕刻、染织、武器、陶瓷、建筑、绘画、青铜、漆工、书道等各个类别。

中国文物专馆

东洋馆的第三层为“中国文物专馆”，专门陈列中国的考古发现，如陶器、青铜器、玉器等，共有五个陈列室。四层的四个陈列室可以说是“中国绘画书法专馆”，包括石刻画像、绘画、书法及书画用品等。此外，东洋馆的其他陈

东洋馆

列室还有一些特别的专题，用来展示中国文物与东南亚文物之间的文化渊源，如铜鼓和青花瓷等。在这些馆藏的中国文物中，唐宋时代的历史文物和艺术品最为耀眼，历史和艺术价值也最高。

以东京国立博物馆为代表的日本博物馆为什么对中国唐宋时代的作品情有独钟？原因还要追溯到中国的隋唐时代，那时候日本和中国的交往最为频繁。当时的日本政府多次派遣官方的交流使团来中国，此外还有民间人士到中国学习，比如日本留学生阿倍仲麻吕和佛学造诣高深的空海和尚等。他们一直以中国为文化母国，虚心学习，并大量引入各种艺术品。近代以来，中国的文物大量流失海外，其中大部分唐宋时

代的艺术品流入了日本。抗日战争胜利前夕的 1945 年 4 月，国民政府教育部成立了“战区文物保存委员会”（“教育部清理战时文物损失委员会”的前身），清查文物的损失情况。经过艰苦的努力，该委员会统计出八年抗战期间，被劫掠和毁坏的历史文化古迹 741 处、书画作品 1.5 万多件、古器物 1.6 万多件、碑帖 9300 多件、珍稀书籍 300 万册、文件 60 多万件。在这些被掠夺至日本的文物中，唐宋艺术品占了相当大的比例。

1947 年初，被派赴日本任中国驻日本代表团文化专员的王世襄历尽艰辛，从日本追回了 106 箱珍贵典籍文物，成为当时中央图书馆善本图书的主体。1950 年到 1956 年，日本又陆续归还了六批来自中国的古物，交还给了台湾地区，保存在台北“故宫博物院”。然而日本归还的这些东西中，真正的文物很少，有价值的文物更少，唐宋时代的精华多数留在了日本。

东京国立博物馆共收藏中国各类艺术品和考古资料 1 万余件，是日本收藏中国文物最多的博物馆，中国文物在这里的保存条件也是最好的。以书画收藏为例，书画收藏室的建筑材料采用的是中国台湾的桧木，有利于室内温度和湿度的调节。此外，还有空调和湿度调节器的辅助。东京国立博物馆收藏室的温度常年可以保持在 22~24℃，湿度可以保持在 55% 左右。

琳琅满目

崭露头角的唐诗圣手——唐代写本《王勃集》

它是这个样子的——

唐代是诗的时代，涌现了许多著名的诗人。王勃（图 4.3.1）就是其中的一位，他与骆宾王、杨炯和卢照邻被称作“初唐四杰”，对唐诗的发展起到了重要作

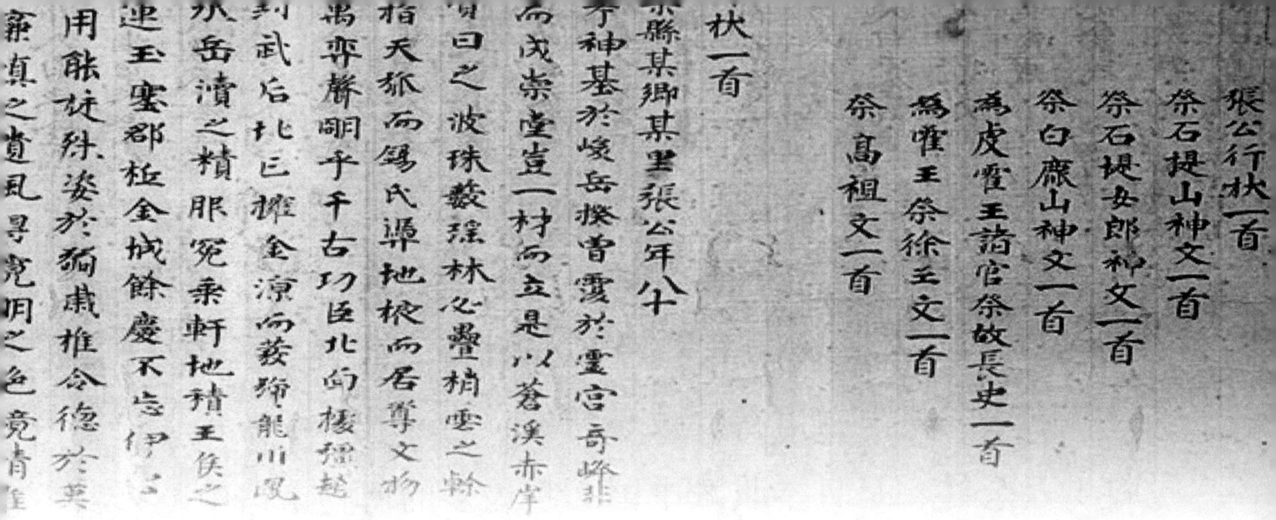

用。他的诗和文章被收录在《王勃集》中。我们在东京国立博物馆内发现了名为《王勃集》的唐代写本残卷。“写本”又称抄本，指的是抄写流传的本子，是雕版印刷术发明以前书籍的主要载体形式。

图 4.3.1　王勃像（朝散是其官名）

这幅残卷写有“集卷第廿九”和“集卷第卅”，说明它是《王勃集》的第二十九卷和第三十卷。第二十九卷存有《张公行状》一文和其他五篇祭文（图 4.3.2），后半部分残缺，所缺的内容当为卷首目录中的《祭高祖文》。第三十卷的前半部分残缺，但是保存了四篇文章：《君没后彭执古孟献忠与诸弟书》《族翁承烈书》《族翁承烈致祭文》和《族翁承烈领乾坤注致助书》，这是王勃死后，亲友祭奠他的文章，可能是《王勃集》的附录。

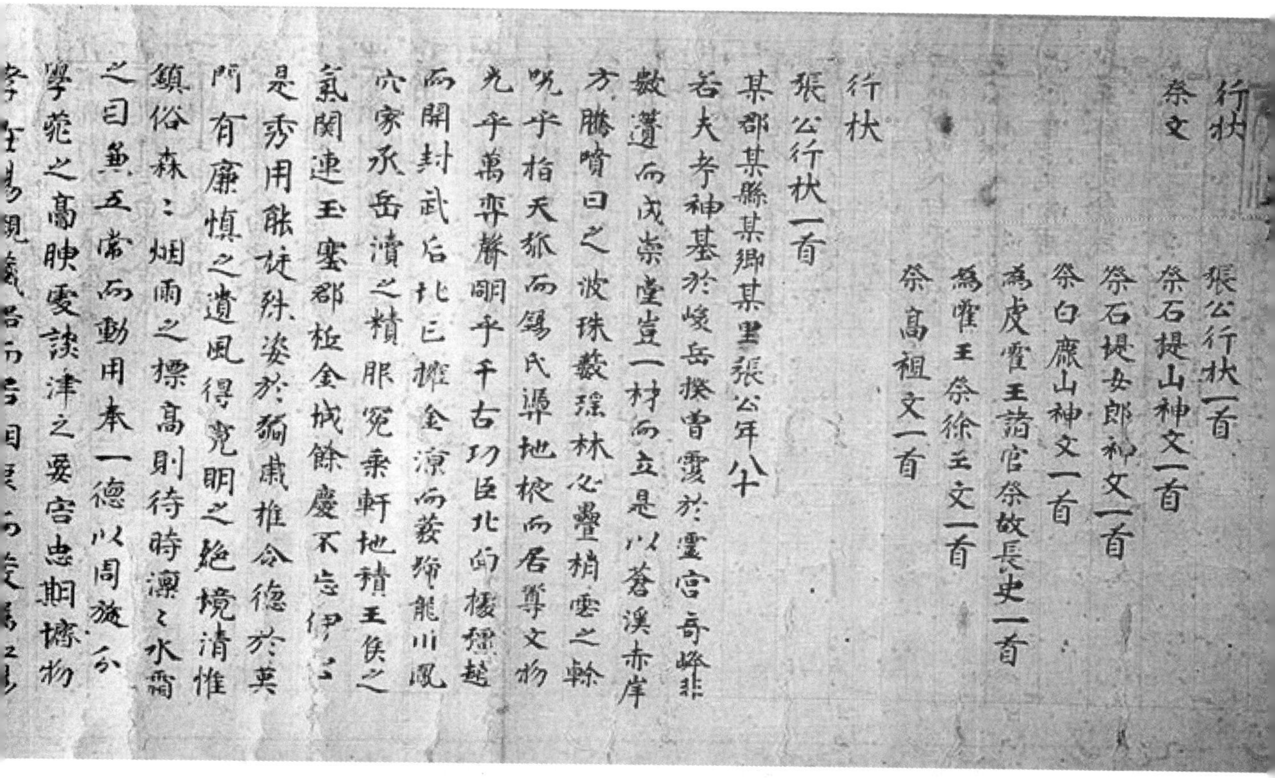
行狀
祭文
張公行狀一首
祭石提山神文一首
祭石堤女郎神文一首
祭白鹿山神文一首
爲虔霍王請官祭故長史一首
爲霍王祭徐王文一首
祭高祖文一首
行狀
張公行狀一首
某郡某縣某鄉某里張公年八十

图 4.3.2 《王勃集》残卷（局部） 东京国立博物馆馆藏

原来还有这么多版本——

除了东京国立博物馆，日本的其他地方还保存有《王勃集》的三种藏本：芦屋市的上野氏藏本、奈良市的正仓院藏本和京都的神田氏藏本，保留了这位英年早逝的诗人珍贵的文字。王勃27岁时南下探亲，渡海的时候不慎溺水而亡，但史学界对他去世的相关史实还存有争议。日本所藏的写本《王勃集》，不但保存了唐代三十卷本《王勃集》的原貌，还存录了大量的王勃佚文，对于了解王勃去世前后的情况有参考价值。中国国内的几种版本，都不包括日藏《王勃集》写本中的这部分内容。所以，日本所藏的《王勃集》具有珍贵的文献价值。

除了《王勃集》，东京国立博物馆还藏有其他的唐代写本。这些唐代手写的卷书，文字更接近原貌，很少有抄写的错误。所以，专家学者在校勘古籍时，都要参考这些写本。这些写本不仅涵盖了中国古代的经史子集（图 4.3.3—图 4.3.4），还有国内散失的古琴曲等。如现存最早的琴曲谱——《碣（jié）石调幽兰》

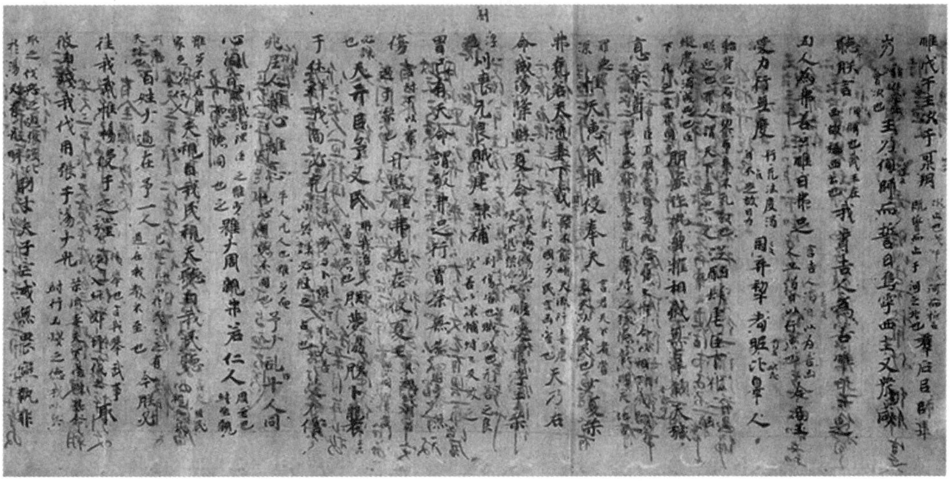

图 4.3.3　唐代写本《古文尚书》第六卷（局部）

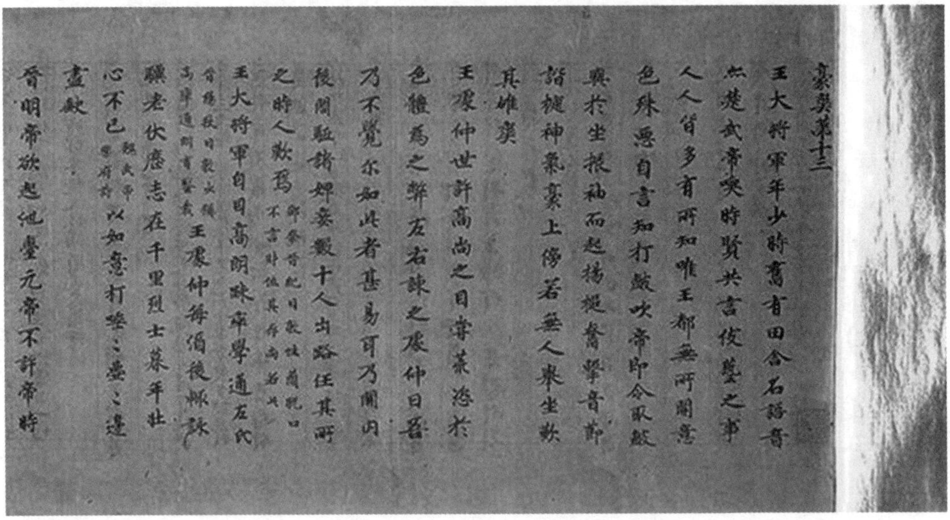
豪爽第十三
王大將軍年少時舊有田舍名語音亦楚武帝喚時賢共言伎藝之事人人皆多有所知唯王都無所關意色殊惡自言知打鼓吹帝即令取鼓與於坐振袖而起揚槌奮擊音節諧捷神氣豪上傍若無人舉坐歎其雄爽
王處仲世許高尚之目嘗荒恣於色體爲之弊左右諫之處仲曰吾乃不覺尔如此者甚易耳乃開内後閤驅諸婢妾數十人出路任其所之時人歎焉
王大將軍自目高朗疎率學通左氏
王處仲每酒後輒詠驥老伏櫪志在千里烈士暮年壯心不已以如意打唾壺壺邊盡缺
晉明帝欲起池臺元帝不許帝時

图 4.3.4　唐代写本《世说新语》残卷（局部）

（图 4.3.5），其中“碣石调”是指琴曲的曲调形式，“幽兰”则是乐曲的标题和所描写的内容。原本在中国的清末之前已经遗失，借助影印本，琴谱得以由日本传回国内，并重新在中国面世。

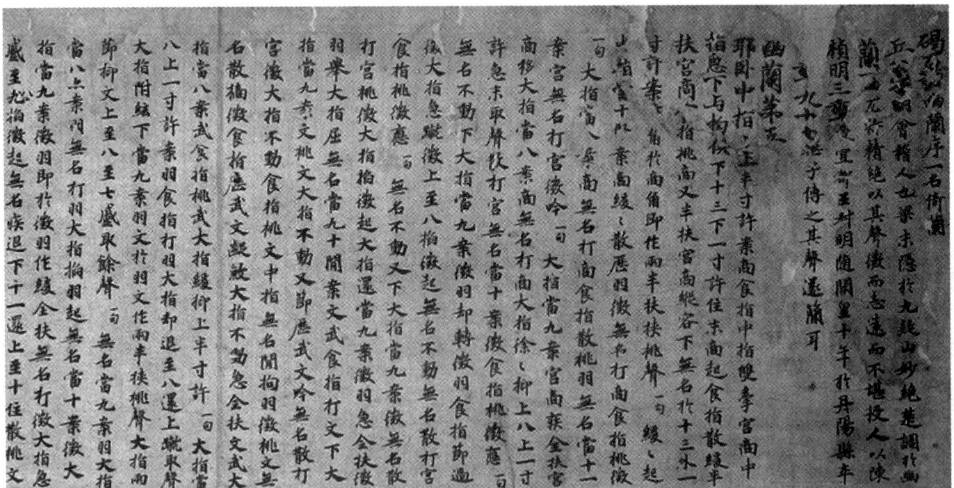
碣石調幽蘭序一名倚蘭
丘公字明會稽人也梁末隱於九疑山妙絕楚調於幽蘭一曲尤特精絕以其聲微而志遠而不堪授人以陳禎明三年授宜都王叔明隨開皇十年於丹陽縣卒年九十七無子傳之其聲遂簡耳
幽蘭第五

图 4.3.5《碣石调幽兰》第五卷（局部）

它是这样漂洋过海的——

日本所藏的这些唐代写本，其来源有两种可能：一是7至8世纪，由日本遣唐使团和日本留学僧人及留学生带回日本。如日本派出的遣唐使吉备真备在唐代开元年间来到中国，研览经史，涉猎六艺，归国时带回了《唐礼》一百三十卷等汉籍；二是敦煌石室中的部分珍本流入日本。这些写本，抄写年代上起4世纪的东晋后期，下至北宋初年，以佛经居多，此外还有道家和儒家经典、史乘地志、字书、诗词俗曲、杂文、信札、医方、历书、账册、户籍等内容。

文化交流的“混血儿”——唐三彩贴花龙耳瓶

唐三彩如此绚丽——

东京国立博物馆藏品中不乏精美的唐三彩，最具代表性的当属贴花龙耳瓶（图4.3.6），瓶高47.4厘米，口径11.4厘米，底径10厘米，是东京国立博物馆所藏唐三彩中最大的一件。唐三彩不是瓷器，而是陶器，它是在750~850℃的温度下烧造而成的，比瓷器的烧造温度要低200℃左右。唐三彩以白色黏土做胎，填充含铅的低温釉，并加入了铁、铜、锰、钴等多种金属，烧制成多种颜色。“三彩”是多种色彩的意思，以

图 4.3.6　唐三彩贴花龙耳瓶　东京国立博物馆馆藏

黄白绿为基本釉色，包括了赭、褐、红、蓝、黑等许多颜色。

贴花龙耳瓶上，龙头咬住瓶口两侧，又与瓶身相连，构成耳状。虽然称为龙耳瓶，但龙头与其说是耳，不如说是把手。这种造型是隋到初唐时期陶瓷的流行样式，但几乎都是白瓷，如在陕西西安李静训墓中出土的隋大业四年（608 年）的白釉双龙柄联腹传瓶（图 4.3.7）和故宫博物院收藏的唐代初年的白釉双龙耳瓶（图 4.3.8）。因此，这件彩色作品显得尤为珍贵。

图 4.3.7 白釉双龙柄联腹传瓶
中国国家博物馆馆藏

图 4.3.8 白釉双龙耳瓶
故宫博物院馆藏

美丽来之不易——

此瓶采用了彩色的贴花工艺，即用粘贴法将花纸上的彩色图案移至陶瓷坯体或釉面，又称“移花”。图案突出表现了古代伊朗的审美情调，成为中国与西亚文化交流的见证。美国芝加哥美术馆所藏的一件唐三彩罐（图 4.3.9），图案与这件龙

图 4.3.9 唐三彩罐
芝加哥美术馆馆藏

耳瓶的图案极其相似。

唐代的中国是世界文化交流的中心，和中亚、西亚的许多国家都有官方和民间的文化往来。当时统治伊朗地区的是萨珊王朝，它与唐王朝建立了友好的关系。萨珊王朝被阿拉伯帝国（唐人称为“大食”）灭亡之后，末代国王伊嗣埃三世的儿子俾路斯东逃至大唐，担任了唐高宗的大将军。在官方的推动下，萨珊的商人也来到中国，从事胡椒、茶叶等生意。在这种情况下，萨珊风格迅速传入中国，在唐代的许多器物中，都有古代伊朗风格的痕迹。如故宫博物院馆藏的一件青釉凤首龙柄壶（图 4.3.10），此壶纹饰中的联珠纹和胡人舞乐形象，是萨珊王朝金银器上惯用的纹饰，其他的诸如星星、月亮、卷草、忍冬、葡萄等纹饰，也是古代伊朗及西亚艺术品上常见的。正是由于开放性，唐

图 4.3.10　青釉凤首龙柄壶
故宫博物院馆藏

人在创新革古的气度下，实现了中原与中亚、西亚文化的完美结合，从而创造出灿烂多姿的唐代文化。

有人说，唐三彩是代表唐代贵族趣味的陶艺。虽然有些唐三彩是当时的日用器皿，但是它的主要功用是用于陪葬。使用这种华丽的艺术品来陪葬，自然只有贵族才能办到。

流落凡间的神灵——如来三尊佛龛

它是这个样子的——

在东洋馆一层的“中国佛像”展厅里，有一件用石灰岩雕刻的石像——“如来三尊佛龛”（图 4.3.11），高 104.5 厘米。从佛龛后面的文字可知，它是唐代武周年间司农寺丞姚元璟所造，而姚元璟就是唐代著名宰相姚崇（辅佐唐玄宗开创了“开元盛世”）的兄长。流落日本之前，这件佛龛藏在中国西安的宝庆寺中。

图 4.3.11　如来三尊佛龛
东京国立博物馆馆藏

石刻中间的如来（图 4.3.12）前额饱满，鼻直唇厚，面部表情和蔼可亲，盘腿坐于平台之上，显示出平和与智慧。作品用凸起流畅的线条表现了服饰贴近身体的效果，像是刚从水中捞出的一样。两位侍者面容饱满，玉肤冰肌，发髻高耸，一只手上托，手指清晰可辨，另一只手下垂。两位侍者身躯略弯，形成幅度极小的“S”形，体态婀娜，衣褶效果真实，带有慈祥和善之意，透露出人情味和世俗的气象。遗憾的是，右边侍者的面部是缺损的（图 4.3.13）。关于这两位侍者的身份有两种说法，一种说法是阿难尊者和迦叶尊

图 4.3.12　如来像

图 4.3.13　侍者像

者，另一种说法是普贤菩萨和文殊菩萨，分别代表着理性和智慧。

它的“朋友”们——

除了这件佛龛之外，还有数十件宝庆寺唐代石雕佛像，藏于日本的东京国立博物馆、文化厅和一些私人的手里。佛像的制造者，有姓名可考者五件，如长安三年（703 年）扬子县令萧元春造弥勒坐像（图 4.3.14）、开元十二年（724 年）虢国公杨思勖（xù）造弥勒坐像（图 4.3.15）等等。

图 4.3.14　萧元春造弥勒坐像　东京国立博物馆馆藏

图 4.3.15　虢国公杨思勖造弥勒坐像　日本文化厅藏

这件石龛的人物面部表情都是和蔼可亲的，表现了唐代佛像整体的艺术特征。唐代佛教兴盛，上至达官贵人，下至平民百姓，无不笃信佛教。他们普遍把佛教人物作为可以救助自己的偶像，为了拉近佛教与普通人的距离，让大家觉得佛菩萨就在身边，就把他们的形象拟人化，这样创作出来的佛像就令人产生了似曾相识的感觉。佛教雕塑以美好幻想来表现人间的生活，也就形成了这一时期佛教造像写实的艺术风格。这样，佛像更加符合世俗的愿望，普通人也就更加容易接受佛教。

国宝档案

密

地藏王菩萨像

类别：绢画

时代：唐代晚期

原属地：敦煌莫高窟藏经洞

现藏地：东京国立博物馆

身世揭秘： 这幅由薄绢制成的幡，描绘的是地藏王菩萨（图 4.4.1），高 83.3 厘米，宽 18.2 厘米，是 8 至 9 世纪的作品。地藏王菩萨一身僧侣装束，站在红莲花座上面，身披袈裟。凹凸不平的衣褶所产生的立体效果，尽显其妙，线条流畅，色彩以朱红、绿、淡蓝为主调，呈现出明快的风格。幡可以表示佛陀、菩萨的威德和庄严，因此人们在佛寺中大量放置。根据其他的同类作品来看，该件幡缺少了以下几个部分：三角形的顶部、幡身下面的轴和幡身两侧的细垂饰。就这件幡的质地来看，算不得上品。然而，幡上绘画显示出极其熟练的线条和着色技巧，把幡中的奥妙之处曲折而委婉地表达了出来，加之唐代的佛画传世很少，所以这件幡的艺术价值就显得尤为珍贵。

这件作品是在敦煌莫高窟藏经洞发现的，1908 年保罗·伯希和把它带回了法国。1957 年，它从吉美博物馆来到东京国立博物馆，原因是吉美博物馆还有一幅内容相同的幡（高 194 厘米，宽 25 厘米），只是袈裟、手势和华盖的方向是相反的，说明其中一幅是参照另一幅制作的（图 4.4.2）。考虑到它们出于同一母本，吉美博物馆就用其中一件交换了东京国立博物馆里的其他藏品。

图 4.4.1　地藏王菩萨像之一
东京国立博物馆馆藏

图 4.4.2　地藏王菩萨像之二
吉美博物馆馆藏

密

《十六罗汉图》

类别：绘画

时代：宋代

现藏地：东京国立博物馆

身世揭秘：宋代金大受所画的《十六罗汉图》共 16 幅，再现了唐宋时期佛教的兴盛。其中的这幅（图 4.4.3）画的是罗汉——罗睺（hóu）罗尊者，释迦牟尼的儿子，

图 4.4.3　罗睺罗尊者

蓝毗尼王国的王孙。这位王孙在父亲的影响下，在十五六岁的时候皈依了佛门。为此，释迦牟尼为他创立了沙弥制度，佛教的“沙弥”即来源于此。罗睺罗尊者以忍耐著称。佛经记载，有一次，他和舍利弗到王舍城去化缘。路上走来一个恶汉用棍棒打破了罗睺罗尊者的头，鲜血直流，但罗睺罗尊者没有还手，认为这是佛祖的教诲。在佛祖的十大弟子中，他以“密行第一”而著称。所谓的“密行”，就是秘而不宣的善行义举，也就是积阴德。

画中的罗睺罗尊者身披大袈裟，左手持法器，盘腿而坐，浓须长眉，双目微合，嘴唇紧闭，表情恬淡，一副“一无所见，一无所思，无挂无碍”的神态，仿佛达到了超凡脱俗的境界。在他的左边是一位侍者，手拿盒子。罗汉和侍者的服饰衣褶采用了细笔精描的方法，粗细均匀，笔意流畅。罗汉左上方及一侧的崖石突起奇崛，虽仅表现部分山石，却体现出厚重和苍浑，也反衬得罗汉的形象更加鲜明。而在罗汉画像中铺设山水、松竹、室内陈设、屏风、栏杆等造型，把罗汉置于人间生活场景之中（图 4.4.4—图 4.4.5），有助于表现罗汉的世俗化。罗汉背后的顶端，从山体上探出几株松树，在视觉上给整幅画面平添了几分静谧清幽的效果。质感强烈的山崖草木与迷蒙飘拂的云气形成了鲜明的虚实对比，从而给观者留下了一种亦真亦幻的感受。

图 4.4.4 因揭陀尊者

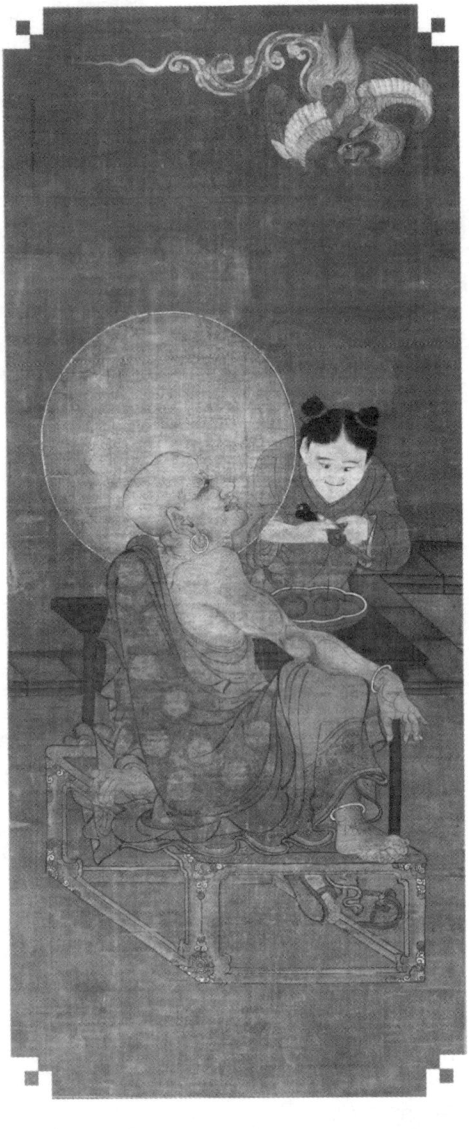

图 4.4.5 半吒迦尊者

密

梅花天目盏

类别：瓷器

时代：南宋

现藏地：东京国立博物馆

身世揭秘：这件梅花天目盏（图4.4.6）为吉州窑（今江西吉州市）仿制福建建阳窑而成，烧造时代为南宋。器物外部通体黑釉，颜色绀（gàn，稍微带红的黑色）黑如漆，温润晶莹。内壁嵌有梅花图案，并布满密集的筋脉状褐色纹饰，犹如兔子身上的毫毛一样纤细，闪闪发光，所以又被称为“兔毫盏”。“天目”一词，则是日本对黑釉茶碗独有的称谓。关于其来源，众说

图4.4.6　梅花天目盏

纷纭，人们普遍接受的说法是，宋代求法的日本禅宗僧人，从浙江的天目山携带黑釉茶碗回国，故名。天目盏是黑釉碗中的极品，其特点是墨黑的底色上散布着深蓝色的星点，非常漂亮。有的兔毫盏还有红、蓝、绿等色彩点缀在星点的周围，阳光照耀之后，色彩常常发生异变，称为“曜变”，深受日本人的喜爱。为此，日本人在沿袭宋人饮茶礼俗的基础上，创立了“茶道”。日本的“茶道”对茶室、茶桌、茶具的要求非常规范和讲究，而且茶具必须使用“天目盏”。再到后来，日本人就把黑釉茶碗统称为“天目茶盏”。如今，在日本几个大博物馆中都收藏有这类瓷器，如日本静嘉堂文库美术馆收藏有一件宋代建阳窑天目碗（图 4.4.7），有着极高的艺术价值。

图 4.4.7 建阳窑天目碗
日本静嘉堂文库美术馆馆藏

密

行书《虹县诗》卷

类别：书法

时代：北宋

现藏地：东京国立博物馆

身世揭秘：《虹县诗》是宋代四大书法家之一——米芾（fú，其余三家为苏轼、黄庭坚和蔡襄）的作品（图 4.4.8），和上海博物馆的《多景楼诗》册、故宫博物院的《研山铭》（图 4.4.9）同为目前仅存的米芾大字墨迹，自然十分珍贵。《虹县诗》卷写的是米芾的两首七言诗，纸本，共三十七行，每行二三字不

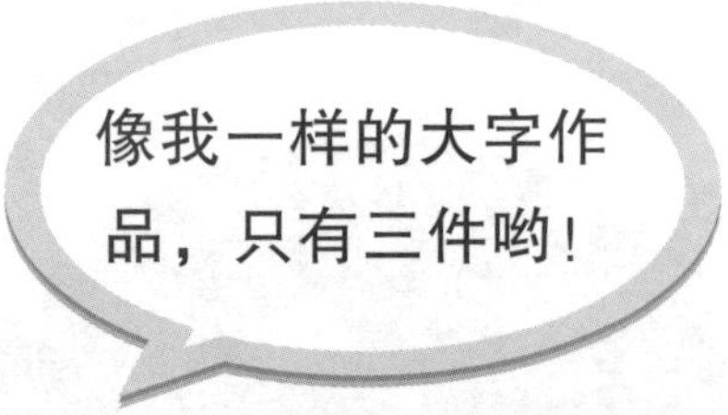

图 4.4.8　行书《虹县诗》卷（局部）

图 4.4.9　《研山铭》（局部）
故宫博物院馆藏

等。这两首七言诗，一首是：“快霁一天清淑气，健帆千里碧榆风。满舡（chuán）书画同明月，十日隋花窈窕中。”另一首是：“碧榆绿柳旧游中，华发苍颜未退翁。天使残年司笔研，圣知小学是家风。长安又到人徒老，吾道何时定复东。题柱扁舟真老矣，竟无事业奏肤公。”

这两首诗写于米芾的晚年，那时他正搭乘船只沿着运河经过虹县（今天的安徽省泗县），准备前往北宋的都城汴京（今天的河南省开封市）就任书画学博士。米芾以书画鉴定专长，“书画学博士”是他受到宋徽宗赏识而获得的最高职位。诗中描写了沿岸的风光，抒发了他当时的心境。字体轻重缓急变化丰富，有明显的节奏感，加之用墨的浓淡，有浑然一体、自然天成的感觉。米芾为书画学博士时，宋徽宗常常召见他谈论书画。一次在问完当时书法家的书法特点之后，宋徽宗问他对自己书法的评价，米芾便以“刷字”（中锋行笔，运笔迅捷、劲健、沉着）自嘲。米芾的大字作品中，“刷字”的特点表现最为明显。

密

《雪景山水图》

类别：绘画

时代：南宋

现藏地：东京国立博物馆

身世揭秘：《雪景山水图》共有两幅，分别为南宋宫廷画家梁楷及梁楷的传人所作。而梁楷所作的《雪景山水图》是日本政府指定的87件国宝之一。

梁楷的这件《雪景山水图》（图4.4.10），纵110.8厘米，横50.1厘米，绢本，立轴，水墨淡雅。该图描画了两个身着白色披风、头戴风雪帽的骑驴人穿行山谷的情景（图4.4.11）。画面右边的两棵老树有着虬曲的枝干和稀疏的树叶，

图4.4.10 《雪景山水图》

图 4.4.11　骑驴人放大图

是梁楷以细致的笔法描绘出来的。画面中部以点簇技法画密林，而山体的皴笔则较少，在以淡墨渲染的天空映衬下，给人以白雪皑皑之感，整个画面呈现出一种荒凉萧瑟的氛围，堪称南宋宫廷山水画的经典之作。东京国立博物馆是这样介绍该画的：“作品以雪山

为背景，展现了荒漠所独具的巨大山水空间，而骑驴人和雁群等微小的存在也得到了精细的表现，可谓是一幅显示了梁楷同样擅长精密画风的力作。”东京国立博物馆的两幅《雪景山水图》都钤有室町幕府时代（1338—1573）的第三代将军足利义满的“天山”印。由此可见早在明初之前，这两幅画就已流入扶桑。足利之后，两幅画转入酒井家族。随后，梁楷本人的《雪景山水图》被三井家族收藏，1948 年入藏东京国立博物馆，1951 年被日本政府指定为国宝。后一幅《雪景山水图》到 2004 年才被东京国立博物馆收藏。

《红芙蓉图》

《白芙蓉图》

类别：绘画

时代：南宋

原属地：圆明园

现藏地：东京国立博物馆

身世揭秘： 画作共两幅，分别为《红芙蓉图》（图 4.4.12）和《白芙蓉图》（图 4.4.13），绢本，左上部都有题款（图 4.4.14）“庆元丁巳岁李迪画”，可知两幅作品是南宋庆元三年（1197 年）由宫廷画家李迪创作。这两幅画原来是圆明园的藏品，后来流落海外，最终入藏日本东京国立博物馆。两幅画是各自独立的

图 4.4.12 《红芙蓉图》

图 4.4.13 《白芙蓉图》

图 4.4.14　题款

册页，现在被装裱成一对挂轴。两幅芙蓉图是目前举世公认的，能代表南宋院体花鸟画最高水平的作品。由于南宋花鸟画家中只有少数几位有署名，所以《红芙蓉图》和《白芙蓉图》成为研究南宋花鸟画的重要资料。

画面有浓厚的色彩，采用没骨画的技巧，过渡自然，表现出芙蓉花瓣形态及色彩细微的变化特征。细腻而透明的色彩，体现出富丽、鲜润的特点。本画的笔法纤细而且色彩的层次极为微妙，因而富于情趣。线描的技法细致入微，甚至毛茸茸的叶脉都能表现出来。整体来看，两幅画的布局显得自然而静谧。两图相比，《红芙蓉图》构图和对花的整体把握更好一些。该画一改北宋以来用坡石、花草、禽鸟等要素俱全的方式来表现宫苑小景的花鸟画技，而是采用了折枝、局部和寻常花鸟来表现特定和瞬间的意境和情态，从而形成了构思新奇、主题鲜明、描绘生动、笔墨精妙和手法多样的风格，给人以清新优雅的感觉。

博物馆参观礼仪小贴士

同学们，你们好，我是博乐乐，别看年纪和你们差不多，我可是个资深的博物馆爱好者。博物馆真是个神奇的地方，里面的藏品历经千百年时光流转，用斑驳的印记讲述过去的故事，多么不可思议！我想带领你们走进每一家博物馆，去发现藏品中承载的珍贵记忆。

走进博物馆时，随身所带的不仅仅要有发现奇妙的双眼、感受魅力的内心，更要有一份对历史、文化、艺术以及对他人的尊重，而这份尊重的体现便是遵守博物馆参观的礼仪。

1. 进入博物馆的展厅前，请先仔细阅读参观的规则、标志和提醒，看看博物馆告诉我们要注意什么。

2. 看到了心仪的藏品，难免会想要用手中的相机记录下来，但是要注意将相机的闪光灯调整到关闭状态，因为闪光灯会给这些珍贵且脆弱的文物带来一

定的损害。

3. 遇到没有玻璃罩子的文物，不要伸手去摸，与文物之间保持一定的距离，反而为我们从另外的角度去欣赏文物打开一扇窗。

4. 在展厅里请不要喝水或吃零食，这样能体现我们对文物的尊重。

5. 参观博物馆要遵守秩序，说话应轻声细语，不可以追跑嬉闹。对秩序的遵守不仅是为了保证我们自己参观的效果，更是对他人的尊重。

6. 就算是为了仔细看清藏品，也不要趴在展柜上，把脏兮兮的小手印留在展柜玻璃上。

7. 博物馆中热情的讲解员是陪伴我们参观的好朋友，在讲解员讲解的时候不要用你的问题打断他。若真有疑问，可以在整个导览结束后，单独去请教讲解员，相信这时得到的答案会更细致、更准确。

8. 如果是跟随团队参观，个子小的同学站在前排，个子高的同学站在后排，这样参观的效果会更好。当某一位同学在回答老师或者讲解员提问时，其他同学要做到认真倾听。

记住了这些，让我们一起开始博物馆奇妙之旅吧！

博乐乐带你游博物馆

我博乐乐来啦，哈哈，又是一个假期，这个假期可真开心，因为我要和同学们一起坐着飞机远渡重洋，到海外的博物馆去游览！来，我们出发吧！

大英博物馆

地址：伦敦市新牛津大街北面的大罗素广场

开馆时间：周六至周四 10:00 —17:30

周五 10:00 — 20:30

门票：入场免费

作为英国的国家博物馆，大英博物馆的宗旨是揭示人类的历史，所以每个展厅的展品都是以时间顺序

飞机降落在了第一站——英国，我和同学们一起走进世界上历史最悠久、规模最宏伟的综合性博物馆——大英博物馆。

小提示： 为方便观众游览，大英博物馆制定了便民措施：在中央大厅内设置了问询处。

小提示： 博物馆入口的12级台阶两边安着装有警钟的自动电梯，可以进行紧急呼叫。

小提示： 蒙塔古广场的入口处，给残疾人和婴儿车设置了便利通道。

小提示： 音频解说导游，可以为博物馆的200多件精品收藏提供音频解说；缴纳5英镑的押金，就可以领取放大镜，大大方便了观众观看展品。

进行陈列的。大英博物馆设有中东馆、硬币和奖章馆、亚洲馆、希腊和罗马馆、史前及欧洲馆、版画和素描馆等10个分馆，共有藏品1300余万件、248个陈列室。在大英博物馆里，最引人注目的是来自埃及、希腊、罗马和东亚的藏品。

古埃及和苏丹馆收藏的文物达7万余件，仅次于

帕特农神庙雕刻原是古希腊雅典卫城中的一座主庙，是欧洲古典主义建筑的典范。19世纪初，博物馆以3.5万英镑收购了此雕刻。

小提示：

为了能让观众零距离接触文物，大英博物馆在埃及雕刻展览馆（4 号房间）和帕特农神庙雕刻展览馆（18 号房间）开通了触摸旅行。观众可以触摸展品，有身临其境的感觉。

开罗的埃及博物馆，藏品中有大型人兽石雕和众多的木乃伊。闻名于世的罗塞塔碑石，多种碑刻、壁画、金玉首饰、镌石器皿以及金字塔和狮身人面像的模型也在其中，最早的年代可以追溯到 5000 年前。

希腊和罗马馆的展品有古罗马历代皇帝的半身雕像，雅典卫城出土的雕塑、黏土版文书、陶壶、金器，以及帕特农神庙雕刻等。

大英博物馆收藏的中国文物包括青铜器、瓷器、书画、漆雕以及斯坦因带回的敦煌经卷与绘画等等，不仅种类繁多，而且绝大多数是无价之宝。顾恺之的《女史箴图》、敦煌壁画和圆明园的珍品等等，也都先后入选大英博物馆的镇馆之宝。

大英博物馆的图书馆是共产主义学说的创始人——马克思撰写《资本论》的地方，这里流传着这样一个故事：因为马克思在图书馆废寝忘食地学习，

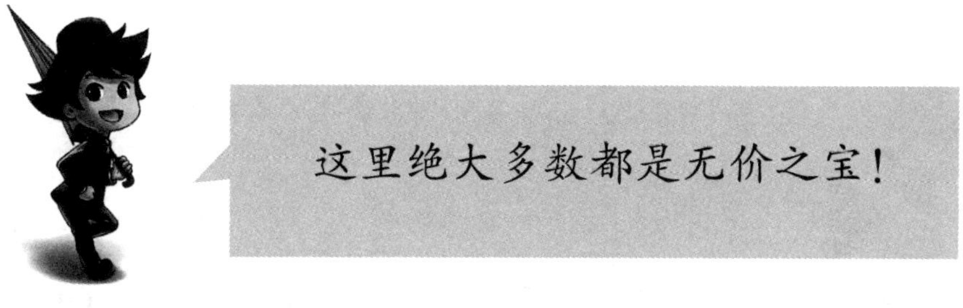

最后把地面磨出了脚印。好奇的观众都会询问马克思的座位和脚印的故事，但是结果却令人大失所望，因为每个读者的座位都不是固定的。而且地面上的地毯会经常更换，所以地面磨出脚印的事情不可能发生。传闻虽然不可信，却给大英博物馆增添了人气和想象的空间。

小提示：

拍照和摄影在多数场馆中是允许的，但是只能使用便携式的摄影器材。带有三脚架和独脚架的器材是不允许带入博物馆的。

参观完充满人文气息的大英博物馆，下一站旅程是哪里？飞机飞越英吉利海峡来到法国，我们的目标是——吉美国立亚洲艺术博物馆。

吉美国立亚洲艺术博物馆

地址：巴黎市第 16 区伊艾娜广场

开馆时间：周三至周一 10:00—17:30

（闭馆前 45 分钟停止入内）

闭馆时间：周二

门票：7.5 欧元

吉美国立亚洲艺术博物馆（简称吉美博物馆）收藏的艺术品有 5 万余件，涵盖印度、巴基斯坦、阿富汗和东南亚各国以及中国、日本与韩国等东亚国家。

小提示：

如果观众有很好的英文功底，在进入博物馆时可以租个语音电子向导，通常价格为 5 欧元，对照着展品边走边听。这样，参观就不会盲目，获得的知识也会更加丰富和直观。

小提示：

吉美博物馆营造了一个绝好的展品展示空间，将亚洲各个国家、各个时期的艺术品巧妙安排，让它们像一家人一样和谐有序地住在一起，艺术品得到了主人翁的地位，而整个博物馆空间也成了一件艺术品。

其中中国部分为2万余件，占全部展品的三分之一以上，常年展出的藏品占总数的5%。

吉美博物馆地上的五层展厅，布局是这样的：一楼展示印度古代及中世纪的佛教艺术、柬埔寨石雕艺术和越南古占婆艺术；二楼展示中国丝绸之路及中国西藏艺术、中亚佛教艺术和南亚艺术；三楼为中国绘画、中国佛教雕塑、韩国及日本艺术；四楼亦展示部分中国艺术品；五楼圆顶则是展示中国的巨型屏风。吉美博物馆展品的重点是佛教艺术、敦煌壁画以及中国各个历史时期的陶瓷、绘画等。

吉美博物馆不愧是亚洲艺术品展出和研究的集中地。除了展厅和地下库房里的亚洲文物外，吉美博物馆的图书馆里还存放着大量有关东方宗教尤其是佛教的珍贵文献。另外值得一提的是它的特藏部分，包括

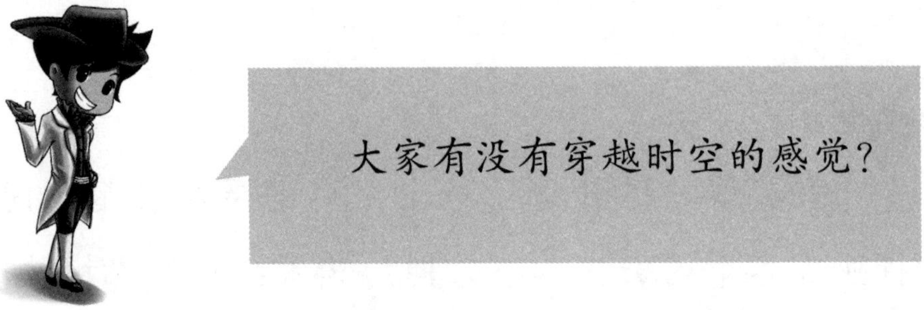

日本江户时代的画册700余册、藏语古代著作2000余册、维吾尔语古代手稿和一批世界著名东方研究专家的著作手稿。

摄影档案馆拥有亚洲考古方面的摄影作品和19世纪民族人类学方面的老照片，印度、东南亚和远东摄影艺术作品也位列其中；有声档案馆内藏有1800多张留声机唱片和1000多张胶木唱片，以及500多卷民族人类学考察时录制的磁带。

吉美博物馆本身就是一件艺术品。通向四楼的旋转楼梯曲线优美，站在楼梯的每个位置观察其他楼层的展品陈列以及攒动的人群，不只是建筑本身，甚至连展品都浑然天成。细心的观众会发现，展品已不仅仅是展品，同时也是建筑里的装饰品。视线所及处，

小提示：

吉美博物馆具有很好的展览空间，玻璃及人造自然光使得空间变得十分通透，也增加了博物馆内的宗教氛围。

原来在欧洲，还有这样专门展示亚洲文化的博物馆，同学们是不是大开眼界了呢？

飞机又要起航了，离开欧洲，来到北美洲。我这次要带你们参观的，是美国的大都会艺术博物馆。

都有欣喜的发现。例如在楼梯尽头摆放陶马，侧墙高处陈列佛像，以及在楼梯通道处陈列多尊金佛，沿梯而下，犹如仙人下凡。

大都会艺术博物馆

地址：纽约市第五大街 1000 号

开馆时间：周日至周四 9:30—17:30

周五和周六 10:00—21:00

闭馆时间：每年感恩节、12 月 25 日、元旦，

以及 5 月的第一个周一

门票：成人 25 美元，学生 12 美元，老人 17 美元

大都会艺术博物馆的宗旨就是展示艺术品，所以这里的藏品是从艺术的角度进行展出和研究的。大都

小提示：

在博物馆的大厅有一个很大的信息咨询台，提供各种服务，诸如各种语言版本的地图。

会艺术博物馆目前藏有来自世界各地的艺术珍品 330 余万件，内容涉及古今各个历史时期的建筑、雕塑、绘画、素描、版画、照片、玻璃器皿、陶瓷器、纺织品、金属制品、家具、古代房屋、武器、盔甲和乐器等类别。

除了大都会艺术博物馆内的 18 个陈列部门之外，位于纽约市福特·特赖恩公园内的隐修院也是大都会艺术博物馆的一部分，展出的内容是中世纪的艺术和建筑，如雕塑、壁画、彩色玻璃、泥金写本、双角兽图案挂毯、圣物箱、圣餐杯、象牙制品和金属器等等。

大都会艺术博物馆宣称，它们的展品呈现了五千

地图有中文版本的，但是，强烈建议大家还是再拿一份英文版的，因为中文版地图比较简略，不如英文的详细，博物馆太大，容易迷路哟。

小提示：

进入大都会艺术博物馆可以带相机，但拍照时需要关掉闪光和补光的灯。如果需要用脚架的话，必须在周二和周四时提前到博物馆排队领取专门的脚架使用许可证。在进门的时候，要脱下外套和包进行安检。

年的世界文化。

在三层高的大楼里，一共划分出古代近东艺术馆、武器盔甲馆、非洲大洋洲和美洲艺术馆、亚洲艺术馆、服装研究馆、艺术馆、美国艺术馆、中世纪艺术馆、埃及艺术馆等 17 个陈列室和展室。整座 2460 年前的埃及古墓被安静地移放在馆内专建的大厅中巨型的玻璃罩里。还有伊朗铜器、日本盔甲、法国雕塑、英国银器、希腊彩瓶、叙利亚玻璃以及欧洲各个时期的绘画……真让人流连忘返。商周汉代的青铜器、唐宋明清瓷器、明代木制家具以及清代绘画等中国文物，件件价值连城，有许多是国内已经失传的孤品。

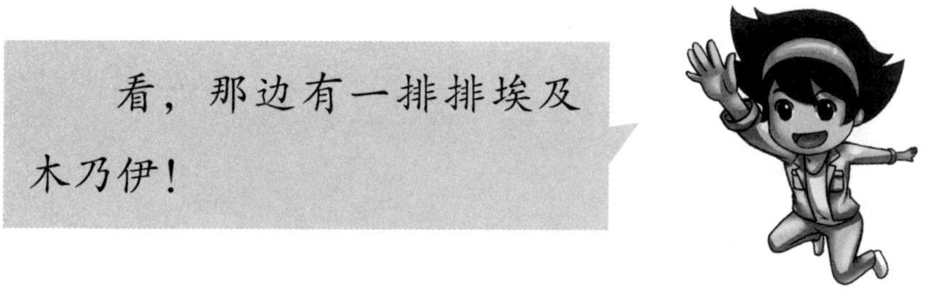

和大都会艺术博物馆的宗旨一样，其附属的图书馆以收集艺术考古书籍为主，有18.5万余册供高校研究生、专业研究人员和访问学者使用。此外，照片和幻灯图书馆还藏有幻灯片29万张、黑白照片25万张、彩色照片6000张，也是世界艺术发展史的珍贵资料。

小提示：

几乎所有的纽约导游手册上都写着这样的话："去大都会艺术博物馆参观，你最好先有个计划。"大都会博物馆展品繁多且艺术价值很高，为了方便观众们对艺术品进行了解和观赏，大都会艺术博物馆推出了许多特色服务。

特色一 博物馆精华游：博物馆的义工们将用1小时的时间，对该馆的收藏品进行介绍。

特色二 画廊讲座：举办多个1小时的讲座，重点详解某一个画廊的内容。

特色三 音频导览：根据自己的步速和喜欢的展品，获得详尽的信息，内容包括博物馆的永久收藏和专题展览。

这次旅程的最后一站是哪里？啊，回到亚洲了，我们来到了日本。我们要去的是日本最有代表性的博物馆——东京国立博物馆。走进东京国立博物馆，来自邻邦的文化气息便扑面而来。

东京国立博物馆

地址：东京市台东区上野公园北端

开馆时间：周二至周日 9:30—17:00

（16:30 停止进入）

闭馆时间：周一及新年

门票：620 日元，大学生 410 日元

东京国立博物馆有本馆、东洋馆、表庆馆、平成馆及法隆寺宝物馆 5 个展馆，43 个展厅，陈列面积 1.4 万余平方米，馆藏珍品 11 余万件，其中有将近 100 件国宝和 600 多件国家指定的重要文物，展出文物 4000 余件。这些文物不仅涵盖了日本 2000 多年历史中孕育的深厚文化，同时记录了亚洲地区其他主要国家的历史。

小提示：

东京国立博物馆举行特展的地方是平成馆的二层特别展会场，平成馆是为了纪念当时的皇太子德仁亲王（现任日本天皇）成婚，于1999年（平成十一年）启用的。

东京国立博物馆主馆有20个陈列室，按时代分别展出日本雕刻、染织、金工、武器、刀剑、陶瓷、书画、建筑构件等展品。其中，十大弟子像、藤原佛画、《雪舟泼墨山水图》、狩野永德松柏屏风为日本一级国宝。

表庆馆是日本明治（1867—1912）末年为纪念当时的皇太子（后来的大正天皇）成婚而建造的，共有9个陈列室，按时代分类展出日本各个历史时

小提示：

在东京国立博物馆的各个陈列室内，每周都会举行一次“藏品解说”，有助于观众更深入地了解藏品的文化价值。

期的考古发掘遗物，有石器、弥生式陶器、填轮、汉式镜、铜铎、陶瓷器等珍品。

法隆寺宝物馆有 3 个陈列室，专门展出明治初年法隆寺向宫廷献纳的各种宝物。由于藏品珍贵，只限每周四开放。

东洋馆是 1968 年开放的新馆，分为 10 个陈列室，有综合陈列、埃及艺术、西亚、东南亚艺术、中国艺术、朝鲜艺术和西域艺术等部分，展出日本以外的东方各国家及地区的艺术品和考古遗物。

假期总是过得格外快，几天的海外博物馆参观结束了，我和同学们回到了学校。经过这次旅行，我下定决心，将来要走得更远，去探索、去发现更闪耀的文明之光。

东洋馆，当然以中国藏品为主。10个陈列室，中国的艺术品就占了5个，全部集中在东洋馆的第二层。上自新石器时代的良渚文化玉器，下迄清代的瓷器字画，无所不包。此外，中国最早的成形文字——甲骨文和珍贵的古典文献也是东京国立博物馆的馆藏内容，它们为中日文化交流作出了重要贡献。

编后记

难忘的旅程

《四海遗珍的中国梦》《阅读最美的建筑》……一本本图文并茂的“博物馆里的中国”付梓，心里有喜悦、激动，更有诸多的期待和祝福，希望每个读到这套书的读者，都能和我们一样，发现博物馆的美好，爱上这个珍藏着人类文明记忆的地方。回首从确立选题到图书出版的一千个日日夜夜，有许许多多的记忆片段闪现在脑海。

2012年，编辑有幸结识了中央民族大学博物馆学、人类学教授潘守永先生，进而走近了“四月公益”——一个由众多年轻人参与组织的博物馆志愿者协会，认识了连续11年为孩子做义务讲解的“朋朋哥哥”……在一次次交谈中，我们被潘教授以及他的专家团队、被孩子们口中的朋朋哥哥和他的“草根团队”对博物馆的热爱所感动，对当下博物馆减免门票、开始走进大众生活展开讨论，从而萌生了编写和出版一套专门给青少年读者阅读的博物馆类图书的想法，告诉他们博物馆里有知识，有文化，有过去、现在和未来，博物馆里有一个丰富绚烂、多姿多彩的中国。

中国已经有了超过4000家各类博物馆和数以亿计的藏品，如何从浩如烟海的藏品中选择出最具历史文化价值的藏品，同时用既能体现藏品背后的文化底蕴、科学知识，又能为孩子所喜欢的形式展现出来？如何保证图书的前沿性、专业性、权威性、传承性和趣味性？由此，编辑踏上了一段虽辛苦却乐在其中的旅程。

● 博物馆之旅有他们同行，我们走得更坚实。

我们实地走访、电话拜访了全国80多家重点博物馆，面见约谈了30位以上博物馆专业的专家、学者和博物馆爱好者，并召开10次以上大中小型讨论会，确立了由2位主编、8位编委、20位作者组成的创作团队。其中有省级重点博物馆相关部门负责人，有博物馆学教授，有博物馆相关研究领域专家，还有中国国家博物馆、首都博物馆、中华世纪坛世界艺术馆义务讲解员等，他们的背后还有多位大学教授、专家学者，以及中国科学院院士的学术支持。

● 旅途中，时常会有惊喜闪现。

走访博物馆时，年轻却无比敬业、专门给孩子进行讲解的讲解员给每一块矿石找到“萌点”，将高深的知识转化为生动的语言，这位可爱的讲解员哥哥，最后被我们吸收进了创作团队；召开编委会时，主编为了启发作者的思路，讲述无数藏品背后的小故事：马王堆出土的帛书是由博物馆的老师傅经过3个月的悉心修复才得以呈现它的本来面目，而三星堆的权杖更是经过了长达半年的处理才重现原貌……

● 敬业的编辑团队，让博物馆之旅充满了创意。

开始创作，旅行进入了最精彩的阶段。编辑翻阅了很多博物馆方面的图书，观看和历史、文化有关的电视纪录片，与作者反复沟通，希望在藏品的海洋中选取最具代表性的珍宝，为读者呈现出精华中的精华；审读样稿的过程中反复斟酌，找到最适合孩子的表述方式，并对书中的几千张精美图片、几百幅卡通插图，一一写出文字建议。细心的读者可以发现，这部丛书每一页的版式设计、文字、照片、插图都经过精心设计和巧妙构思。我们力求让文字和插图“活起来”，让藏品如一个个精灵般站在读者面前，把自己的故事讲给读者听。

• “创新”是这段旅程中的关键词，它几乎无处不在。

这套书摒弃了以馆划分的传统，以更为灵活、富有趣味性的“主题”分册；介绍藏品时，完全以故事的形式进行呈现，彰显了中国五千年文明的奕奕神采；为全面展示中华悠久文明，我们将流落海外且数量巨大的中国文物收入一册；此外，每册图书后均加入了“博物馆参观礼仪小贴士”“博乐乐带你游博物馆”等互动环节，让孩子们读过此书，在真正走进博物馆时，随身所带的不仅仅是一双发现的眼睛，更怀有一颗对历史、文化、艺术的尊重之心。

这一次“博物馆里的中国”之旅，我们遇见了600余件藏品，分布于国内外近150家博物馆。这些藏品或在中国历史上具有断代的作用，或在海内外具有极高的知名度，或能体现中华民族传统文化精髓，或能展示中国从古到今的科技成就……由于图书篇幅所限，我们对博物馆内的藏品必须有所取舍，无法面面俱到，但窥一斑而知全豹，中国古往今来的发展历程，丰富灿烂的文化传承，在这套书里还是得到了非常真切的展现。那些更多的图书之外的藏品和故事，等待着读者们亲自走进博物馆去发现！

“博物馆里的中国”跨越历史，把流金岁月里经时间长河洗礼而愈加熠熠生辉、异彩纷呈的文化呈现在读者面前。如果亲爱的读者在放下本书后，能够真切地感受到中华文化的博大与美好，萌生去探寻博物馆里的中国的好奇之心，从而走进博物馆、爱上博物馆，便是本丛书编写队伍所有参与者最大的快乐。

编 者

2015 年 8 月